educamos·sm

Caro aluno, seja bem-vindo à sua plataforma do conhecimento!

A partir de agora, você tem à sua disposição uma plataforma que reúne, em um só lugar, recursos educacionais digitais que complementam os livros impressos e são desenvolvidos especialmente para auxiliar você em seus estudos. Veja como é fácil e rápido acessar os recursos deste projeto.

188010_LIVRO AJ HISTORIA 2 (LA) BNCC ED 2018

1 Faça a ativação dos códigos dos seus livros.

Se você NÃO tiver cadastro na plataforma:

- Para acessar os recursos digitais, você precisa estar cadastrado na plataforma educamos.sm. Em seu computador, acesse o endereço <br.educamos.sm>.
- No canto superior direito, clique em "Primeiro acesso? Clique aqui". Para iniciar o cadastro, insira o código indicado abaixo.
- Depois de incluir todos os códigos, clique em "Registrar-se" e, em seguida, preencha o formulário para concluir esta etapa.

Se você JÁ fez cadastro na plataforma:

- Em seu computador, acesse a plataforma e faça o *login* no canto superior direito.
- Em seguida, você visualizará os livros que já estão ativados em seu perfil. Clique no botão "Adicionar livro" e insira o código abaixo.

CB042987

Este é o seu código de ativação! → **DLA4G-169BR-AVJQP**

2 Acesse os recursos.

Usando um computador

Acesse o endereço <br.educamos.sm> e faça o *login* no canto superior direito. Nessa página, você visualizará todos os seus livros cadastrados. Para acessar o livro desejado, basta clicar na sua capa.

Usando um dispositivo móvel

Instale o aplicativo **educamos.sm**, que está disponível gratuitamente na loja de aplicativos do dispositivo. Utilize o mesmo *login* e a mesma senha da plataforma para acessar o aplicativo.

Importante! Não se esqueça de sempre cadastrar seus livros da SM em seu perfil. Assim, você garante a visualização dos seus conteúdos, seja no computador, seja no dispositivo móvel. Em caso de dúvida, entre em contato com nosso canal de atendimento pelo **telefone 0800 72 54876** ou pelo *e-mail* atendimento@grupo-sm.com.

BRA188010_3277

Aprender juntos

2

2º ano

HISTÓRIA

ENSINO FUNDAMENTAL

MÔNICA LUNGOV

- Bacharela e licenciada em História pela Faculdade de Filosofia, Letras e Ciências Humanas (FFLCH) da Universidade de São Paulo (USP).
- Consultora pedagógica e professora de História no Ensino Fundamental e no Ensino Médio.

RAQUEL DOS SANTOS FUNARI

- Licenciada em História pela Faculdade de Filosofia, Ciências e Letras de Belo Horizonte.
- Mestra e doutora em História pelo Instituto de Filosofia e Ciências Humanas da Universidade Estadual de Campinas (Unicamp).
- Pesquisadora-colaboradora do Departamento de História do Instituto de Filosofia e Ciências Humanas da Unicamp.
- Professora de História e supervisora de área no Ensino Fundamental e no Ensino Médio.

ORGANIZADORA: EDIÇÕES SM
Obra coletiva concebida, desenvolvida e produzida por Edições SM.

São Paulo, 6ª edição, 2017

Aprender Juntos **História 2**
© Edições SM Ltda.
Todos os direitos reservados

Direção editorial	M. Esther Nejm
Gerência editorial	Cláudia Carvalho Neves
Gerência de *design* e produção	André Monteiro
Edição executiva	Robson Rocha
	Edição: Isis Ridão Teixeira, Valéria Vaz, Vanessa do Amaral
	Colaboração técnico-pedagógica: Bianca Zucchi
	Assistência de edição: Flávia Trindade
Suporte editorial	Alzira Bertholim, Fernanda Fortunato, Giselle Marangon, Talita Vieira, Silvana Siqueira
Coordenação de preparação e revisão	Cláudia Rodrigues do Espírito Santo
	Preparação e revisão: Ana Paula Ribeiro Migiyama, Maria de Fátima Cavallaro, Taciana Vaz, Vera Lúcia Rocha
	Apoio de equipe: Beatriz Nascimento, Camila Durães Torres
Coordenação de *design*	Gilciane Munhoz
	***Design*:** Tiago Stéfano
Coordenação de arte	Ulisses Pires, Juliano de Arruda Fernandes, Melissa Steiner Rocha Antunes
	Edição de arte: Bruna Fava
Coordenação de iconografia	Josiane Laurentino
	Pesquisa iconográfica: Thaisi Lima
	Tratamento de imagem: Marcelo Casaro
Capa	João Brito, Gilciane Munhoz
	Ilustração da capa: A mascoteria
Projeto gráfico	Estúdio Insólito
Ilustrações	Alex Rodrigues, AMj Studio, Bruna Ishihara, Carlos Caminha, Ilustra Cartoon, Robson Araújo, Tel Coelho/Giz de Cera
Fabricação	Alexander Maeda
Impressão	PifferPrint

Dados Internacionais de Catalogação na Publicação (CIP)
(Câmara Brasileira do Livro, SP, Brasil)

Funari, Raquel dos Santos
  Aprender juntos história, 2º ano : ensino fundamental /
Raquel dos Santos Funari, Mônica Lungov ; organizadora
Edições SM ; obra coletiva concebida, desenvolvida e
produzida por Edições SM ; editor responsável Robson
Rocha. — 6. ed. — São Paulo : Edições SM, 2017. —
(Aprender juntos)

  Suplementando pelo manual do professor.
  Bibliografia.
  ISBN 978-85-418-1921-3 (aluno)
  ISBN 978-85-418-1922-0 (professor)

  1. História (Ensino fundamental) I. Lungov, Mônica. II.
Rocha, Robson. III. Título. IV. Série.

17-09296   CDD-372.89

Índices para catálogo sistemático:
1. História : Ensino fundamental 372.89
                          6ª edição, 2017
                          3ª impressão, 2020

Edições SM Ltda.
Rua Tenente Lycurgo Lopes da Cruz, 55
Água Branca 05036-120 São Paulo SP Brasil
Tel. 11 2111-7400
edicoessm@grupo-sm.com
www.edicoessm.com.br

APRESENTAÇÃO

CARO ALUNO,

ESTE LIVRO FOI CUIDADOSAMENTE PENSADO PARA AJUDÁ-LO A CONSTRUIR UMA APRENDIZAGEM SÓLIDA E CHEIA DE SIGNIFICADOS QUE LHE SEJAM ÚTEIS NÃO SOMENTE HOJE, MAS TAMBÉM NO FUTURO. NELE, VOCÊ VAI ENCONTRAR ESTÍMULOS PARA CRIAR, EXPRESSAR IDEIAS E PENSAMENTOS, REFLETIR SOBRE O QUE APRENDE, TROCAR EXPERIÊNCIAS E CONHECIMENTOS.

OS TEMAS, OS TEXTOS, AS IMAGENS E AS ATIVIDADES PROPOSTOS NESTE LIVRO OFERECEM OPORTUNIDADES PARA QUE VOCÊ SE DESENVOLVA COMO ESTUDANTE E COMO CIDADÃO, CULTIVANDO VALORES UNIVERSAIS COMO RESPONSABILIDADE, RESPEITO, SOLIDARIEDADE, LIBERDADE E JUSTIÇA.

ACREDITAMOS QUE É POR MEIO DE ATITUDES POSITIVAS E CONSTRUTIVAS QUE SE CONQUISTAM AUTONOMIA E CAPACIDADE PARA TOMAR DECISÕES ACERTADAS, RESOLVER PROBLEMAS E SUPERAR CONFLITOS.

ESPERAMOS QUE ESTE MATERIAL DIDÁTICO CONTRIBUA PARA O SEU DESENVOLVIMENTO E PARA A SUA FORMAÇÃO.

BONS ESTUDOS!

EQUIPE EDITORIAL

Tel Coelho/ Giz de Cera/ ID/BR

CONHEÇA SEU LIVRO

CONHECER SEU LIVRO DIDÁTICO VAI AJUDAR VOCÊ A APROVEITAR MELHOR AS OPORTUNIDADES DE APRENDIZAGEM QUE ELE OFERECE.

ESTE VOLUME CONTÉM DOZE CAPÍTULOS. VEJA COMO CADA CAPÍTULO ESTÁ ORGANIZADO.

ABERTURA DE CAPÍTULO

ESSA PÁGINA MARCA O INÍCIO DE UM CAPÍTULO. TEXTOS, TABELAS, IMAGENS VARIADAS E ATIVIDADES VÃO FAZER VOCÊ PENSAR E CONVERSAR SOBRE OS TEMAS QUE SERÃO DESENVOLVIDOS AO LONGO DO CAPÍTULO.

DESENVOLVIMENTO DO ASSUNTO

OS TEXTOS, AS IMAGENS E AS ATIVIDADES DESTAS PÁGINAS PERMITIRÃO QUE VOCÊ COMPREENDA O CONTEÚDO QUE ESTÁ SENDO APRESENTADO.

REGISTROS

NESTA SEÇÃO, VOCÊ VAI IDENTIFICAR E ANALISAR DIFERENTES TIPOS DE REGISTROS HISTÓRICOS E REFLETIR SOBRE ELES.

GLOSSÁRIO

AO LONGO DO LIVRO VOCÊ ENCONTRARÁ UMA BREVE EXPLICAÇÃO DE ALGUMAS PALAVRAS E EXPRESSÕES QUE TALVEZ NÃO CONHEÇA.

SUGESTÃO DE SITE

AS SUGESTÕES DE SITES FAVORECEM A AMPLIAÇÃO E O APROFUNDAMENTO DOS CONTEÚDOS ESTUDADOS.

FINALIZANDO O CAPÍTULO

NO FIM DOS CAPÍTULOS, HÁ SEÇÕES QUE BUSCAM AMPLIAR SEUS CONHECIMENTOS SOBRE A LEITURA DE IMAGENS, A DIVERSIDADE CULTURAL E OS CONTEÚDOS ABORDADOS NO CAPÍTULO.

A SEÇÃO **VAMOS LER IMAGENS!** PROPÕE A ANÁLISE DE UMA OU MAIS IMAGENS E É ACOMPANHADA DE ATIVIDADES QUE VÃO AJUDAR VOCÊ A COMPREENDER DIFERENTES TIPOS DE IMAGEM.

NA SEÇÃO **PESSOAS E LUGARES** VOCÊ VAI CONHECER ALGUMAS CARACTERÍSTICAS CULTURAIS DE DIFERENTES COMUNIDADES.

AS ATIVIDADES DA SEÇÃO **APRENDER SEMPRE** SÃO UMA OPORTUNIDADE PARA VOCÊ VERIFICAR O QUE APRENDEU, ANALISAR OS ASSUNTOS ESTUDADOS EM CADA CAPÍTULO E REFLETIR SOBRE ELES.

MATERIAL COMPLEMENTAR

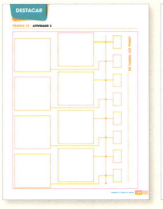  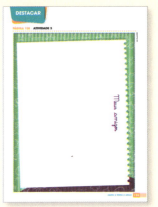

NO FINAL DO LIVRO, VOCÊ VAI ENCONTRAR MATERIAL COMPLEMENTAR PARA USAR EM ALGUMAS ATIVIDADES.

ÍCONES USADOS NO LIVRO

 ATIVIDADE EM GRUPO

 ATIVIDADE EM DUPLA

 ATIVIDADE ORAL

ACESSE O RECURSO DIGITAL — RECURSO DIGITAL

 Saber Ser

SABER SER

SINALIZA MOMENTOS PROPÍCIOS PARA PROFESSOR E ALUNOS REFLETIREM SOBRE QUESTÕES RELACIONADAS A VALORES.

SUMÁRIO

Bruna Ishihara/ID/BR

Bruna Ishihara/ID/BR

O QUE É HISTÓRIA?

DESDE QUE NASCEU, VOCÊ VIVEU MUITOS MOMENTOS. TUDO O QUE ACONTECEU EM SUA VIDA ATÉ AGORA FAZ PARTE DA SUA HISTÓRIA.

AO LONGO DA VIDA, DEIXAMOS PISTAS DE NOSSA HISTÓRIA NOS ESPAÇOS EM QUE VIVEMOS.

OBSERVE A PINTURA.

RONALDO MENDES. *O QUARTO DE VAN GOGH*, 2009. ÓLEO SOBRE TELA.

▶ QUEM É O AUTOR DA PINTURA? QUANDO ELA FOI FEITA?

▶ A PINTURA ESTÁ REPRESENTANDO QUE PARTE DA CASA? QUE PISTAS VOCÊ USOU PARA CHEGAR A ESSA CONCLUSÃO?

▶ COMO COSTUMA SER ESSA PARTE DA CASA ONDE VOCÊ MORA? ELA TEM OBJETOS QUE PODERIAM CONTAR SUA HISTÓRIA?

O ESTUDO DA HISTÓRIA

OBSERVE A SALA DE AULA ONDE VOCÊ ESTÁ. NOTE COMO AS MESAS ESTÃO ORGANIZADAS, QUEM DÁ AS AULAS, QUE TIPO DE ROUPA VOCÊ E OS COLEGAS USAM...

HÁ CERCA DE CEM ANOS, AS ESCOLAS ERAM BEM DIFERENTES DAS ESCOLAS ATUAIS.

OBSERVE ESTA FOTO E VEJA AS PISTAS QUE ELA FORNECE SOBRE UM DOS TIPOS DE SALA DE AULA DO PASSADO.

Museu Afro Digital do Mato Grosso, Cuiabá/ Museu da Imagem e do Som, Rio de Janeiro

SALA DE AULA DA ESCOLA JOSÉ PEDRO VARELA, NO MUNICÍPIO DO RIO DE JANEIRO, POR VOLTA DE 1923.

1 AGORA, RESPONDA ÀS QUESTÕES SOBRE A FOTO.

A. O QUE MAIS CHAMOU A SUA ATENÇÃO NELA?

B. QUE SEMELHANÇAS E DIFERENÇAS VOCÊ PERCEBE ENTRE A SALA DE AULA DA FOTO E A SUA SALA DE AULA?

2 COMPLETE AS FRASES COM UMA DAS INFORMAÇÕES APRESENTADAS NOS QUADROS ABAIXO.

A. OS ALUNOS ESTÃO ORGANIZADOS EM _____.

QUARTETOS   TRIOS   DUPLAS

B. OS ALUNOS ESTÃO VESTIDOS COM _____.

UNIFORME   ROUPAS DE FESTA   ROUPAS DE BANHO

HISTÓRIA E HISTORIADOR

ESTUDAR O PASSADO, OBSERVANDO O QUE MUDOU E TAMBÉM O QUE SE MANTEVE AO LONGO DO TEMPO, NOS AJUDA A ENTENDER O PRESENTE.

POR EXEMPLO, PARA COMPREENDER MELHOR AS ESCOLAS ATUAIS, PROCURAMOS SABER O QUE MUDOU E O QUE PERMANECEU NELAS AO LONGO DO TEMPO.

ESSE É O TRABALHO DO HISTORIADOR. ELE É O PROFISSIONAL QUE PESQUISA E ANALISA AS SOCIEDADES DE DIFERENTES ÉPOCAS E LUGARES, ESTUDANDO AS DIVERSAS PISTAS DEIXADAS POR ELAS.

3 OBSERVE ESTAS IMAGENS.

CRIANÇAS CONSTRUINDO CASTELO DE AREIA EM PRAIA DE JIJOCA DE JERICOACOARA, CEARÁ. FOTO DE 2015.

RAMSAY R. REINAGLE. *CRIANÇAS BRINCANDO NA PRAIA*, 1830. ÓLEO SOBRE TELA.

■ PINTE DE **AMARELO** A FRASE CORRETA.

> AS DUAS IMAGENS RETRATAM CRIANÇAS NA PRAIA.

> AS DUAS IMAGENS SÃO DA MESMA ÉPOCA.

> A IMAGEM **B** RETRATA A ÉPOCA MAIS ATUAL.

4 QUE PISTAS VOCÊ USOU PARA IDENTIFICAR AS FRASES CORRETAS?

QUEM FAZ A HISTÓRIA?

TODOS NÓS FAZEMOS A HISTÓRIA: CRIANÇAS, JOVENS, IDOSOS, HOMENS, MULHERES, TRABALHADORES, GOVERNANTES.

A HISTÓRIA DE CADA UM COMEÇA NO NASCIMENTO E SE CONSTRÓI AO LONGO DO TEMPO. COSTUMES, MANEIRAS DE TRABALHAR, CONHECIMENTOS, MODOS DE VIVER, TUDO FAZ PARTE DA HISTÓRIA.

OS COSTUMES SE MODIFICAM AO LONGO DO TEMPO, E SOMOS CAPAZES DE APRENDER NOVOS HÁBITOS EM QUALQUER IDADE. NA FOTO, AVÓ E NETA, EM LONDRINA, PARANÁ, 2017.

O CONVÍVIO ENTRE POVOS DIFERENTES TAMBÉM TRANSFORMA OS COSTUMES. NA FOTO, MÃE E FILHA GUARANI-KAIOWÁ USANDO BICICLETA EM DOURADOS, MATO GROSSO DO SUL, 2015.

A FORMA COMO NOS COMPORTAMOS E O USO QUE FAZEMOS DOS ESPAÇOS TAMBÉM FAZEM PARTE DA HISTÓRIA. NA FOTO, PESSOAS EM PRAÇA DE TERESINA, PIAUÍ, 2015.

1 AGORA, VOCÊ VAI ESCREVER ALGUMAS INFORMAÇÕES SOBRE PARTE DE SUA HISTÓRIA. ANOTE NO CADERNO: SEU NOME COMPLETO, A DATA DE SEU NASCIMENTO, SUA IDADE, O NOME DA ESCOLA EM QUE ESTUDA E O ANO E TURMA EM QUE ESTÁ.

DOCUMENTOS HISTÓRICOS

AS PISTAS UTILIZADAS PELOS HISTORIADORES PARA ESTUDAR A HISTÓRIA SÃO CHAMADAS DE **DOCUMENTOS HISTÓRICOS**.

POR EXEMPLO: A CARTEIRA DE IDENTIDADE. ELA É UM DOCUMENTO NECESSÁRIO A TODAS AS PESSOAS E PODE SER FONTE DE INFORMAÇÕES UTILIZADAS PELOS HISTORIADORES.

EXISTEM MUITOS OUTROS DOCUMENTOS QUE PODEM SER USADOS PARA A ESCRITA E O ESTUDO DA HISTÓRIA.

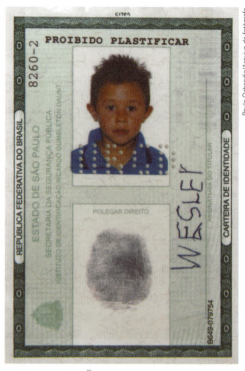

REPRODUÇÃO DA FRENTE DE UMA CARTEIRA DE IDENTIDADE.

1 OBSERVE O DOCUMENTO AO LADO E PREENCHA O QUADRO COM OS DADOS DA PESSOA A QUEM ELE PERTENCE.

REPRODUÇÃO DO VERSO DE UMA CARTEIRA DE IDENTIDADE.

NOME	
DATA EM QUE NASCEU	
LOCAL ONDE NASCEU	

2 VOCÊ POSSUI UM DOCUMENTO COMO ESSE?

TIPOS DE DOCUMENTOS HISTÓRICOS

VAMOS REUNIR OS DOCUMENTOS HISTÓRICOS EM DOIS GRUPOS: **DOCUMENTOS ESCRITOS** E **DOCUMENTOS NÃO ESCRITOS**.

■ DOCUMENTOS ESCRITOS

SÃO DOCUMENTOS COMO CARTAS, LIVROS, JORNAIS, REVISTAS, CONTRATOS, DIPLOMAS, CARTAZES, ENTRE OUTROS.

Arquivo Nacional, Rio de Janeiro. Fotografia: ID/BR

Coleção particular. Fotografia: ID/BR

CAPA DA REVISTA *O CRUZEIRO*, DE 29 DE AGOSTO DE 1942.

DOCUMENTO ESCRITO PELA IMPERATRIZ MARIA LEOPOLDINA, EM JURAMENTO À CONSTITUIÇÃO BRASILEIRA DE 1824.

3 PINTE DE **VERDE** OS DOCUMENTOS ESCRITOS.

- [ ] CARTEIRA DE VACINAÇÃO
- [ ] ESCULTURA
- [ ] FOTOGRAFIA
- [ ] BOLETIM ESCOLAR
- [ ] PINTURA
- [ ] CARTEIRA DE IDENTIDADE
- [ ] BRINQUEDOS
- [ ] LIVROS

◼ DOCUMENTOS NÃO ESCRITOS

PODEM SER FOTOGRAFIAS, PINTURAS, GRAVURAS, DESENHOS, MAPAS, ESCULTURAS, FILMES, OBJETOS, ENTRE OUTROS.

O **REGISTRO ORAL**, COMO ENTREVISTAS E HISTÓRIAS CONTADAS DE UMA **GERAÇÃO** PARA OUTRA, É CONSIDERADO DOCUMENTO NÃO ESCRITO.

GERAÇÃO: CONJUNTO DE PESSOAS QUE TÊM APROXIMADAMENTE A MESMA IDADE.

OUTROS EXEMPLOS DE DOCUMENTO DESSE TIPO SÃO AS CONSTRUÇÕES (PRÉDIOS, CASAS, IGREJAS, VIADUTOS, ETC.).

PRÉDIO DA ANTIGA CÂMARA MUNICIPAL DE OURO PRETO, MINAS GERAIS, CONSTRUÍDO EM 1846. FOTO DE 2015.

RUÍNAS DE IGREJA CONSTRUÍDA HÁ QUATROCENTOS ANOS, EM ALCÂNTARA, MARANHÃO. FOTO DE 2014. AS RUÍNAS PODEM INDICAR COMO ERA A ARQUITETURA DE UMA ÉPOCA E APRESENTAR INFORMAÇÕES DA HISTÓRIA DE UM LUGAR.

4 ESCOLHA UM DOCUMENTO ESCRITO E UM DOCUMENTO NÃO ESCRITO QUE VOCÊ USARIA PARA CONTAR SUA HISTÓRIA. O QUE ESSES DOCUMENTOS REVELAM SOBRE SUA HISTÓRIA? ANOTE NO CADERNO QUAIS SAO ESSES DOCUMENTOS.

BONECAS

COM BASE EM DOCUMENTOS, O HISTORIADOR ESCREVE SOBRE UM TEMA. ELE PODE ESCREVER SOBRE A HISTÓRIA DE UMA PESSOA OU DE ALGUM ACONTECIMENTO POR MEIO DO ESTUDO DO USO DE OBJETOS, COMO O DE BRINQUEDOS, POR EXEMPLO.

ALGUNS BRINQUEDOS EXISTEM HÁ MUITO TEMPO. UM EXEMPLO DISSO SÃO AS BONECAS. O USO DELAS, AO LONGO DA HISTÓRIA, É VARIADO E NEM SEMPRE ELAS FORAM UTILIZADAS COMO BRINQUEDOS.

1 **OBSERVE AS BONECAS A SEGUIR.**

BONECA DE MADEIRA FEITA NA **DÉCADA** DE 1750.

BONECA DE PLÁSTICO DA DÉCADA DE 1950.

BONECA DE PLÁSTICO DOS DIAS ATUAIS.

DÉCADA: PERÍODO DE DEZ ANOS.

A. QUAL DAS BONECAS É A MAIS ANTIGA?

B. QUAIS SÃO OS MATERIAIS UTILIZADOS PARA A FABRICAÇÃO DAS BONECAS?

C. QUAL BONECA REPRESENTA UMA ATIVIDADE DE TRABALHO?

D. BONECAS SEMPRE FORAM USADAS PARA BRINCAR? PARA QUE OUTRAS ATIVIDADES VOCÊ ACHA QUE AS BONECAS PODEM SER UTILIZADAS?

ACESSE O RECURSO DIGITAL

1 ESTAS IMAGENS MOSTRAM MOMENTOS DA HISTÓRIA DE ALGUMAS PESSOAS. OBSERVE-AS E LEIA AS LEGENDAS.

FAMÍLIA FAZENDO REFEIÇÃO NO MUNICÍPIO DE SÃO PAULO. FOTO DE 2016.

ESTUDANTES PROTESTAM POR MELHORIAS NA EDUCAÇÃO PÚBLICA EM PARATY, RIO DE JANEIRO. FOTO DE 2016.

CERTIFICADO DE 1º LUGAR EM UM CONCURSO ESCOLAR EM SANTA MARIA, RIO GRANDE DO SUL, 2013.

CARTEIRA DE IDENTIDADE DO IMIGRANTE ITALIANO GIOVANNI LANDI, EMITIDA EM 1926.

■ AGORA, RELACIONE CADA UMA DESSAS FOTOS COM UMA FRASE ABAIXO. PARA ISSO, ESCREVA NO QUADRINHO AO LADO DA FRASE A LETRA QUE IDENTIFICA A FOTO.

☐ REGISTRO DE UM ACONTECIMENTO DA VIDA ESCOLAR DE UMA PESSOA.

☐ REGISTRO DE IDENTIDADE DE UMA PESSOA.

☐ REGISTRO DO DIA A DIA DE UMA FAMÍLIA.

☐ REGISTRO DE UM ACONTECIMENTO EM GRUPO.

2 OBSERVE A CENA ABAIXO.

AMj Studio/ID/BR

A. CONTORNE OS OBJETOS DESSE CÔMODO QUE PODEM SER CONSIDERADOS DOCUMENTOS HISTÓRICOS NÃO ESCRITOS.

B. EM SUA OPINIÃO, ESSES OBJETOS PODERIAM AJUDAR A CONTAR A HISTÓRIA DE UMA FAMÍLIA? DE QUE FORMA?

C. O QUE A PERSONAGEM DA CENA ESTÁ FAZENDO? VOCÊ E SUA FAMÍLIA TÊM O COSTUME DE REALIZAR ALGUMA ATIVIDADE COMO ESSA?

D. EM MUITAS FAMÍLIAS, AS PESSOAS IDOSAS COSTUMAM CONTAR HISTÓRIAS SOBRE O PASSADO. EM SUA OPINIÃO, QUAL É A IMPORTÂNCIA DESSES RELATOS? E QUAL É A IMPORTÂNCIA DOS IDOSOS NA FAMÍLIA?

O TEMPO E A HISTÓRIA

EM 1864, JÚLIO VERNE PUBLICOU O LIVRO *VIAGEM AO CENTRO DA TERRA*, NO QUAL NARRA A AVENTURA DO GAROTO AXEL E DE SEU TIO, OTTO.

LEIA, A SEGUIR, UM TRECHO DESSA OBRA.

O DIA DA PARTIDA CHEGOU. [...]

NO DIA 2, ÀS SEIS HORAS DA MANHÃ, NOSSAS PRECIOSAS BAGAGENS ESTAVAM A BORDO [...]. O CAPITÃO NOS CONDUZIU ÀS CABINES BASTANTE ESTREITAS, DISPOSTAS SOB UMA ESPÉCIE DE CAMAROTE.

[...]

– QUAL SERÁ A DURAÇÃO DA TRAVESSIA? – PERGUNTOU MEU TIO AO CAPITÃO.

– UNS DEZ DIAS – RESPONDEU O COMANDANTE [...].

JÚLIO VERNE. *VIAGEM AO CENTRO DA TERRA*. SÃO PAULO: LAROUSSE DO BRASIL, 2005. P. 23.

▶ EM QUE DIA E HORÁRIO SE INICIOU A VIAGEM DE AXEL E OTTO? QUANTO TEMPO DURARIA ESSA PARTE DA VIAGEM?

▶ QUE MEIO DE TRANSPORTE ELES USARAM?

▶ VOCÊ JÁ FEZ UMA VIAGEM LONGA? AONDE VOCÊ FOI? QUANTO TEMPO DUROU A VIAGEM ATÉ LÁ? QUANTO TEMPO VOCÊ FICOU NESSE LUGAR?

MEDINDO O TEMPO

PARA MARCAR AS HORAS OU SABER QUANTO TEMPO FALTA PARA TERMINAR A AULA, USAMOS O RELÓGIO. MAS, ANTES DA INVENÇÃO DO RELÓGIO, COMO ERA POSSÍVEL ACOMPANHAR A PASSAGEM DO TEMPO?

OBSERVANDO A NATUREZA, AS PESSOAS ENCONTRARAM MANEIRAS DE MARCAR A PASSAGEM DO TEMPO.

ELAS COMEÇARAM A OBSERVAR A POSIÇÃO DO SOL, AS APARÊNCIAS DA LUA, A MUDANÇA DA PAISAGEM EM ÉPOCAS DE CALOR OU FRIO, ETC.

DEPOIS, DIVERSOS POVOS INVENTARAM INSTRUMENTOS PARA MEDIR A PASSAGEM DO TEMPO. VEJA ALGUNS DELES.

Brand x Pictures/ID/BR

Edson Grandisoli/Pulsar Imagens

RELÓGIO DE SOL. A LUZ DO SOL BATE NA HASTE E PROJETA UMA SOMBRA QUE INDICA A HORA DO DIA. O RELÓGIO DA FOTO SE ENCONTRA EM DOMINGOS MARTINS, ESPÍRITO SANTO. FOTO DE 2014.

AMPULHETA. MEDE CURTOS PERÍODOS DE TEMPO, INDICADOS PELA PASSAGEM DA AREIA DE UM LADO AO OUTRO DO RECIPIENTE.

1 EM UM DIA NUBLADO, É POSSÍVEL SABER AS HORAS UTILIZANDO UM RELÓGIO DE SOL? POR QUÊ?

2 COMO VOCÊ MARCARIA O TEMPO SEM USAR O RELÓGIO?

CALENDÁRIOS

OS CALENDÁRIOS FORAM INVENTADOS PARA ATENDER A NECESSIDADE DO SER HUMANO DE MARCAR A PASSAGEM DO TEMPO.

AO LONGO DA HISTÓRIA, DIVERSOS POVOS CRIARAM CALENDÁRIOS DE ACORDO COM AS OBSERVAÇÕES QUE FAZIAM DA NATUREZA E COM OS ACONTECIMENTOS IMPORTANTES PARA ELES.

O **CALENDÁRIO CRISTÃO**, POR EXEMPLO, SE BASEIA NAS OBSERVAÇÕES DO SOL E DA LUA. O ANO 1 COMEÇA A PARTIR DO NASCIMENTO DE JESUS CRISTO.

OBSERVE ABAIXO O CALENDÁRIO DO ANO DE 2019.

ID/BR

2019

JANEIRO
D	S	T	Q	Q	S	S
		1	2	3	4	5
6	7	8	9	10	11	12
13	14	15	16	17	18	19
20	21	22	23	24	25	26
27	28	29	30	31		

1 CONFRATERNIZAÇÃO UNIVERSAL

FEVEREIRO
D	S	T	Q	Q	S	S
					1	2
3	4	5	6	7	8	9
10	11	12	13	14	15	16
17	18	19	20	21	22	23
24	25	26	27	28		

MARÇO
D	S	T	Q	Q	S	S
					1	2
3	4	5	6	7	8	9
10	11	12	13	14	15	16
17	18	19	20	21	22	23
24	25	26	27	28	29	30
31						

5 CARNAVAL

ABRIL
D	S	T	Q	Q	S	S
	1	2	3	4	5	6
7	8	9	10	11	12	13
14	15	16	17	18	19	20
21	22	23	24	25	26	27
28	29	30				

19 SEXTA-FEIRA SANTA
21 TIRADENTES

MAIO
D	S	T	Q	Q	S	S
			1	2	3	4
5	6	7	8	9	10	11
12	13	14	15	16	17	18
19	20	21	22	23	24	25
26	27	28	29	30	31	

1 DIA DO TRABALHADOR

JUNHO
D	S	T	Q	Q	S	S
						1
2	3	4	5	6	7	8
9	10	11	12	13	14	15
16	17	18	19	20	21	22
23	24	25	26	27	28	29
30						

20 CORPUS CHRISTI

JULHO
D	S	T	Q	Q	S	S
	1	2	3	4	5	6
7	8	9	10	11	12	13
14	15	16	17	18	19	20
21	22	23	24	25	26	27
28	29	30	31			

AGOSTO
D	S	T	Q	Q	S	S
				1	2	3
4	5	6	7	8	9	10
11	12	13	14	15	16	17
18	19	20	21	22	23	24
25	26	27	28	29	30	31

SETEMBRO
D	S	T	Q	Q	S	S
1	2	3	4	5	6	7
8	9	10	11	12	13	14
15	16	17	18	19	20	21
22	23	24	25	26	27	28
29	30					

7 INDEPENDÊNCIA DO BRASIL

OUTUBRO
D	S	T	Q	Q	S	S
		1	2	3	4	5
6	7	8	9	10	11	12
13	14	15	16	17	18	19
20	21	22	23	24	25	26
27	28	29	30	31		

12 DIA DE NOSSA SENHORA APARECIDA

NOVEMBRO
D	S	T	Q	Q	S	S
					1	2
3	4	5	6	7	8	9
10	11	12	13	14	15	16
17	18	19	20	21	22	23
24	25	26	27	28	29	30

2 DIA DE FINADOS
15 PROCLAMAÇÃO DA REPÚBLICA

DEZEMBRO
D	S	T	Q	Q	S	S
1	2	3	4	5	6	7
8	9	10	11	12	13	14
15	16	17	18	19	20	21
22	23	24	25	26	27	28
29	30	31				

25 NATAL

FONTE DE PESQUISA: PORTAL BRASIL. DISPONÍVEL EM: <http://www.brasil.gov.br/governo/2012/04/confira-a-lista-de-todos-os-feriados-nacionais>. ACESSO EM: 3 MAIO 2017.

3 PINTE AS SEGUINTES DATAS NO CALENDÁRIO, DE ACORDO COM AS CORES ABAIXO.

 DATA DE HOJE.

 DATA DE SEU ANIVERSÁRIO.

■ CONHECENDO O CALENDÁRIO

O CALENDÁRIO CRISTÃO É UM DOS MAIS UTILIZADOS NO MUNDO. ELE ESTÁ ORGANIZADO EM DIAS, SEMANAS E MESES.

GERALMENTE, ELE MOSTRA OS **FERIADOS** E TAMBÉM INDICA OS DIAS DA SEMANA.

FERIADO: DIA EM QUE ATIVIDADES COTIDIANAS, COMO TRABALHO E ESTUDO, SÃO INTERROMPIDAS PARA QUE UMA DATA SEJA CELEBRADA.

4 AS LETRAS **D, S, T, Q, Q, S** E **S** SE REFEREM AOS DIAS DA SEMANA. ESCREVA OS NOMES DELES NO CADERNO.

5 ESSE CALENDÁRIO MOSTRA OS FERIADOS NACIONAIS, ISTO É, COMEMORADOS NO BRASIL INTEIRO. COMO ELES ESTÃO IDENTIFICADOS NO CALENDÁRIO?

6 ALÉM DOS FERIADOS NACIONAIS, HÁ FERIADOS QUE OCORREM APENAS EM ALGUNS LOCAIS.

A. COM A ORIENTAÇÃO DO PROFESSOR, PESQUISEM SE HÁ FERIADOS QUE SÃO COMEMORADOS SOMENTE NO ESTADO E NO MUNICÍPIO ONDE VOCÊ MORA.

B. PINTE DE **AMARELO** AS DATAS DESSES FERIADOS NO CALENDÁRIO DA PÁGINA AO LADO.

C. ANOTE A SEGUIR A DATA E OS NOMES DESSES FERIADOS.

_____

_____

_____

_____

D. ESSES FERIADOS COSTUMAM SER COMEMORADOS? HÁ FESTIVIDADES NESSAS DATAS? COMO ELAS SÃO? VOCÊ COSTUMA PARTICIPAR DELAS?

TEMPO E HISTÓRIA

PODEMOS PERCEBER TAMBÉM A PASSAGEM DO TEMPO PELOS FATOS E PELAS MUDANÇAS QUE ACONTECEM EM NOSSA VIDA. OBSERVE ABAIXO AS FOTOS DE LUANA.

EM 2012, LUANA NASCEU. ALGUNS MESES DEPOIS, JÁ CONSEGUIA FICAR SENTADA.

EM 2013, COM 1 ANO, LUANA APRENDEU A ANDAR, MAS AINDA NÃO FALAVA.

EM 2016, AOS 4 ANOS, LUANA FOI PARA A ESCOLA DE EDUCAÇÃO INFANTIL. PRIMEIRO DIA DE AULA!

EM 2019, LUANA TEM 7 ANOS. ELA GOSTA MUITO DE JOGAR FUTEBOL COM OS COLEGAS DA ESCOLA.

1 QUAIS EXPERIÊNCIAS DE LUANA FORAM REGISTRADAS NAS IMAGENS? VOCÊ JÁ PASSOU POR EXPERIÊNCIAS PARECIDAS COM ESSAS? QUAIS?

2 PERÍODOS TAMBÉM SERVEM PARA MARCAR O TEMPO. LIGUE CADA PERÍODO À DURAÇÃO CORRETA.

MÊS	10 ANOS
DÉCADA	100 ANOS
SÉCULO	28 A 31 DIAS

LINHA DO TEMPO

A **LINHA DO TEMPO** É UMA MANEIRA DE ORGANIZAR OS ACONTECIMENTOS EM SEQUÊNCIA DE DATAS.

ESSES ACONTECIMENTOS PODEM AJUDAR A CONTAR A HISTÓRIA DE UMA PESSOA OU DE UM GRUPO DE PESSOAS, DE UM BAIRRO, ETC. VEJA A LINHA DO TEMPO DA VIDA DE LUANA.

LINHA DO TEMPO DA LUANA

| 2012 | 2013 | 2014 | 2015 | 2016 | 2017 | 2018 | 2019 |

LUANA NASCEU E, ALGUNS MESES DEPOIS, CONSEGUIU FICAR SENTADA.

LUANA TINHA 1 ANO E COMEÇOU A ANDAR.

LUANA TINHA 4 ANOS E COMEÇOU A FREQUENTAR A ESCOLA DE EDUCAÇÃO INFANTIL.

LUANA TEM 7 ANOS E GOSTA DE JOGAR FUTEBOL COM OS COLEGAS DA ESCOLA.

3 AGORA, VOCÊ VAI FAZER A LINHA DO TEMPO DA SUA VIDA. COM A ORIENTAÇÃO DO PROFESSOR, SIGA AS ETAPAS ABAIXO.

- CONVERSE COM OS ADULTOS QUE VIVEM COM VOCÊ SOBRE ACONTECIMENTOS IMPORTANTES DA SUA VIDA. ANOTE NO CADERNO ATÉ OITO ACONTECIMENTOS. LEMBRE-SE DE ANOTAR O ANO EM QUE CADA UM OCORREU.

- VOCÊ VAI PREENCHER A LINHA DO TEMPO QUE ESTÁ NA PÁGINA 129. DESTAQUE ESSA LINHA DO TEMPO E DEPOIS ANOTE SEU NOME NO TOPO DELA.

- NOS QUADRINHOS DA PARTE SUPERIOR DA LINHA, ANOTE OS NÚMEROS DOS ANOS.

- NOS QUADROS DA PARTE INFERIOR DA LINHA, VOCÊ VAI ESCREVER OS ACONTECIMENTOS, PASSANDO A LIMPO AS ANOTAÇÕES DO CADERNO.

- AFIXE SUA LINHA DO TEMPO NO MURAL DA SALA DE AULA.

ILUSTRAÇÕES DE UM CALENDÁRIO INDÍGENA

AS LEGENDAS SÃO TEXTOS QUE APARECEM PRÓXIMOS DAS IMAGENS E TRAZEM IMPORTANTES INFORMAÇÕES SOBRE ELAS.

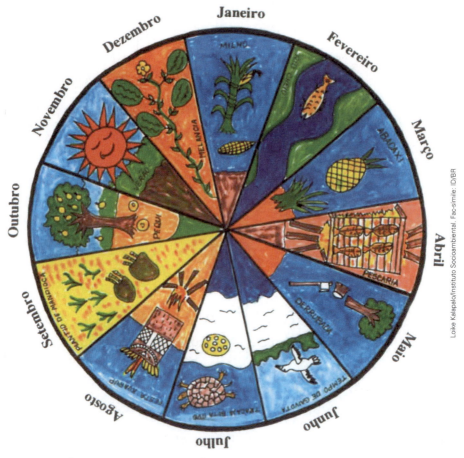

Loike Kalapalo/Instituto Socioambiental. Fac-símile: ID/BR

CALENDÁRIO DO POVO SUYÁ, FEITO PELO PROFESSOR THIAYU SUYÁ E PUBLICADO EM 1988.

PELA LEITURA DA LEGENDA DA IMAGEM ACIMA, É POSSÍVEL DESCOBRIR QUE ELA É UM CALENDÁRIO DO POVO SUYÁ. ESSE CALENDÁRIO FOI PUBLICADO EM 1988.

O POVO SUYÁ É UMA DAS COMUNIDADES QUE VIVEM NO PARQUE INDÍGENA DO XINGU, NO MATO GROSSO.

NOTE QUE, NAS ILUSTRAÇÕES DOS MESES FEITAS PELO PROFESSOR THIAYU, HÁ PEQUENAS LEGENDAS. ELAS PODEM AJUDAR VOCÊ A COMPREENDER MELHOR AS ATIVIDADES QUE FORAM ILUSTRADAS NO CALENDÁRIO.

1 LEIAM AS LEGENDAS QUE FAZEM PARTE DO CALENDÁRIO E OBSERVEM AS ILUSTRAÇÕES. DEPOIS, COMPLETEM A TABELA ABAIXO COM OS NOME DOS MESES CORRESPONDENTES ÀS ATIVIDADES.

ATIVIDADES	MÊS
COLHEITA DE MILHO	
PLANTIO DE MANDIOCA	
COLHEITA DE ABACAXI	
COLETA DOS OVOS DE TRACAJÁ, UMA ESPÉCIE DE TARTARUGA	
COLHEITA DE MELANCIA	
PESCA INTENSA	
COLHEITA DE PEQUI	

2 COM BASE NAS ILUSTRAÇÕES FEITAS PELO PROFESSOR THIAYU, RESPONDA: QUAIS ELEMENTOS DA NATUREZA O POVO SUYÁ PODE TER OBSERVADO, AO LONGO DO TEMPO, PARA CRIAR O CALENDÁRIO DELES? LEVANTE HIPÓTESES.

3 VOCÊ RECONHECE TODOS OS ALIMENTOS QUE FORAM REPRESENTADOS NO CALENDÁRIO? VOCÊ JÁ EXPERIMENTOU ALGUM DELES?

- EM CASO AFIRMATIVO, CONTE SUA EXPERIÊNCIA AOS COLEGAS. EM CASO NEGATIVO, RESPONDA: HÁ ALGUM QUE VOCÊ GOSTARIA DE PROVAR? QUAL?

1 QUE FERRAMENTAS DE MEDIÇÃO DE TEMPO VOCÊ COSTUMA UTILIZAR EM SUA CASA? E NA ESCOLA?

_____

_____

2 ESCOLHA UMA COR E PINTE A SEGUIR APENAS OS QUADROS COM NOMES DE PERÍODOS DE TEMPO.

| HORA | DIA | CAMA | MÊS | ANO |

| SAPATO | DÉCADA | BICICLETA | SÉCULO | ÁGUA |

3 QUANDO MARCAMOS UM COMPROMISSO COM ALGUÉM, É COMUM COMBINARMOS TAMBÉM UM HORÁRIO. VOCÊ COSTUMA CUMPRIR ESSES HORÁRIOS COMBINADOS? É PONTUAL OU DEIXA AS PESSOAS ESPERANDO?

Saber Ser

4 PODEMOS PERCEBER A PASSAGEM DO TEMPO OBSERVANDO AS MUDANÇAS EM NOSSO CORPO. OBSERVE AS DUAS FOTOS AO LADO E CONTORNE AS MUDANÇAS QUE MAIS CHAMARAM SUA ATENÇÃO.

CatherineProl/iStock/Getty Images

filadendron/iStock/Getty Images

- EM SUA OPINIÃO, POR QUE ESSAS MUDANÇAS OCORREM? LEVANTE HIPÓTESES.

5 MUITAS COISAS ACONTECEM AO MESMO TEMPO. ENQUANTO VOCÊ ESTÁ NA SALA DE AULA, O QUE ESTÃO FAZENDO:

A. OS FUNCIONÁRIOS DA ESCOLA?

B. OS ADULTOS QUE MORAM COM VOCÊ?

6 OBSERVE O CALENDÁRIO DE ATIVIDADES DA COMUNIDADE DE PESCADORES DA VILA DE REMANSO, EM LENÇÓIS, NA BAHIA.

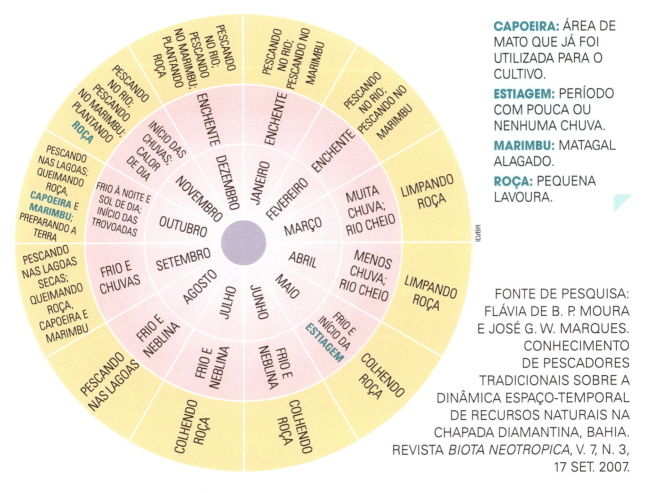

CAPOEIRA: ÁREA DE MATO QUE JÁ FOI UTILIZADA PARA O CULTIVO.

ESTIAGEM: PERÍODO COM POUCA OU NENHUMA CHUVA.

MARIMBU: MATAGAL ALAGADO.

ROÇA: PEQUENA LAVOURA.

FONTE DE PESQUISA: FLÁVIA DE B. P. MOURA E JOSÉ G. W. MARQUES. CONHECIMENTO DE PESCADORES TRADICIONAIS SOBRE A DINÂMICA ESPAÇO-TEMPORAL DE RECURSOS NATURAIS NA CHAPADA DIAMANTINA, BAHIA. REVISTA *BIOTA NEOTROPICA*, V. 7, N. 3, 17 SET. 2007.

A. ESSE CALENDÁRIO INDICA AS ATIVIDADES SEMANAIS OU ANUAIS? EXPLIQUE.

B. SE VOCÊ TIVESSE DE ELABORAR UM CALENDÁRIO COM AS ATIVIDADES ANUAIS DA SUA COMUNIDADE, QUE ATIVIDADES VOCÊ INDICARIA PARA CADA MÊS?

O ESCRITOR FERNANDO SABINO COMPARTILHOU NO LIVRO *O MENINO NO ESPELHO*, PUBLICADO EM 1982, ALGUMAS AVENTURAS DE QUANDO ELE ERA CRIANÇA.

CONHEÇA UMA DELAS.

> QUANDO CHOVIA, NO MEU TEMPO DE MENINO, A CASA VIRAVA UM FESTIVAL DE GOTEIRAS. ERAM PINGOS DO TETO ENSOPANDO [...] AS SALAS E QUARTOS. SEGUIA-SE UM CORRE-CORRE [...], TODO MUNDO LEVANDO E TRAZENDO BALDES, BACIAS, PANELAS, PENICOS E O QUE MAIS HOUVESSE PARA APARAR A ÁGUA QUE CAÍA [...]. OS MAIS VELHOS FICAVAM ABORRECIDOS, EU NÃO ENTENDIA A RAZÃO [...] E ME DIVERTIA A VALER QUANDO UMA NOVA GOTEIRA APARECIA [...].

FERNANDO SABINO. *O MENINO NO ESPELHO*. 64. ED. RIO DE JANEIRO: RECORD, 2003. P. 9.

▸ EM SUA OPINIÃO, LEMBRANÇAS COMO ESSA AJUDAM A CONTAR A HISTÓRIA DE ALGUÉM? POR QUÊ?

▸ ASSIM COMO FERNANDO SABINO, VOCÊ TEM ALGUMA LEMBRANÇA, VIVIDA COM SUA FAMÍLIA OU COM AMIGOS, DE ALGO QUE ACONTECEU E DEIXOU VOCÊ FELIZ? DO QUÊ?

VOCÊ TEM HISTÓRIA

TUDO O QUE VOCÊ ANOTOU EM SUA LINHA DO TEMPO FAZ PARTE DA SUA HISTÓRIA.

ELA TAMBÉM PODE SER CONTADA POR MEIO DE DOCUMENTOS HISTÓRICOS, COMO FOTOS, VÍDEOS, ROUPAS, BRINQUEDOS, ENTRE OUTROS.

HÁ AINDA OS **DOCUMENTOS OFICIAIS**, COMO A CARTEIRA DE IDENTIDADE, QUE VOCÊ JÁ CONHECE, E A CERTIDÃO DE NASCIMENTO.

DOCUMENTO OFICIAL: DOCUMENTO EMITIDO POR ÓRGÃOS, COMO A SECRETARIA DE SEGURANÇA PÚBLICA, OS CARTÓRIOS DE REGISTROS, ETC.

REPRODUÇÃO DA FRENTE DE UMA CERTIDÃO DE NASCIMENTO.

1 OS NOMES DE QUAIS PARENTES APARECEM NA CERTIDÃO DE NASCIMENTO? MARQUE COM UM **X**.

☐ TIOS   ☐ PAIS   ☐ AVÓS   ☐ PRIMOS

2 QUE OUTROS DOCUMENTOS OFICIAIS PODEM AJUDAR A CONTAR SUA HISTÓRIA?

OBJETOS PESSOAIS

OS OBJETOS QUE VOCÊ USA NO DIA A DIA TAMBÉM AJUDAM A CONTAR A HISTÓRIA.

A FORMA COMO ELES SÃO UTILIZADOS, OS MATERIAIS USADOS PARA FAZÊ-LOS E O MODO COMO SÃO FEITOS VÃO MUDANDO COM O PASSAR DO TEMPO.

ESTA MOEDA DE PRATA FOI ENCONTRADA EM ESCAVAÇÕES REALIZADAS NO MUNICÍPIO DO RIO DE JANEIRO EM 2013. ELA FOI FEITA HÁ QUASE 150 ANOS.

ESTA GARRAFA DE ÁGUA FOI TRAZIDA AO BRASIL POR VOLTA DE 1860. ELA É FEITA DE UM TIPO DE CERÂMICA MUITO RESISTENTE. ELA TAMBÉM FOI ENCONTRADA POR PESQUISADORES, NO MUNICÍPIO DO RIO DE JANEIRO, EM 2013.

ESTA ESCOVA DE DENTES ERA USADA HÁ MAIS DE CENTO E CINQUENTA ANOS NO BRASIL. ELA FOI ENCONTRADA POR PESQUISADORES EM 2013, NO MUNICÍPIO DO RIO DE JANEIRO. OS BURACOS NA PARTE DE CIMA SÃO OS LOCAIS ONDE FICAVAM AS CERDAS, QUE ERAM FEITAS DE PELO DE PORCO.

COM A ESCOVA, FOI ENCONTRADA ESSA CAIXA PARA PASTA DE DENTE. A CAIXA É DE LOUÇA, E A PASTA ERA BEM DIFERENTE DO CREME DENTAL QUE CONHECEMOS HOJE. MAS OS SABORES NÃO DIFERIAM MUITO: CEREJA E HORTELÃ-PIMENTA.

3 COMO ESSES OBJETOS SÃO ATUALMENTE? DESCREVA-OS.

4 VOCÊ E SUA FAMÍLIA COSTUMAM USAR OBJETOS COMO ESSES? EM QUE SITUAÇÕES?

■ OBJETOS DO PASSADO

HÁ OBJETOS QUE, NO PASSADO, ERAM MUITO UTILIZADOS. PORÉM, COM O PASSAR DO TEMPO, O USO DELES FOI DIMINUINDO. ALGUNS ATÉ DEIXARAM DE SER PRODUZIDOS.

A MÁQUINA DE ESCREVER FOI UM OBJETO MUITO UTILIZADO ATÉ A DÉCADA DE 1980.

O APARELHO DE FAX É UM TIPO DE TELEFONE QUE TRANSMITE E IMPRIME MENSAGENS ESCRITAS. ELE FOI MUITO POPULAR ATÉ A DÉCADA DE 1990.

ATUALMENTE, COM A INTERNET, A ESCRITA, O ENVIO DE MENSAGENS E AS CHAMADAS DE ÁUDIO OU DE VÍDEO SÃO REALIZADOS, CADA VEZ MAIS, POR APARELHOS COMO COMPUTADORES, *SMARTPHONES* E *TABLETS*.

5 VOCÊ JÁ CONHECIA ALGUM DOS OBJETOS ACIMA? HÁ ALGUM DELES EM SUA CASA? COMO ELES SÃO UTILIZADOS?

6 PERGUNTE A UMA PESSOA MAIS VELHA DE SUA FAMÍLIA SE HÁ ALGUM OBJETO QUE ERA UTILIZADO QUANDO ELA ERA CRIANÇA E QUE, ATUALMENTE, NÃO SE USA MAIS. CONTE SUAS DESCOBERTAS PARA OS COLEGAS.

MUSEU HISTÓRICO NACIONAL
DISPONÍVEL EM: <http://www.museuhistoriconacional.com.br/mh-g-6.htm>.
ACESSO EM: 28 AGO. 2017.

CONHEÇA ALGUNS EQUIPAMENTOS ELETRÔNICOS DO PASSADO NO ACERVO DO MUSEU HISTÓRICO NACIONAL.

OS COSTUMES

AQUILO QUE FAZEMOS TODOS OS DIAS, ISTO É, NOSSA ROTINA, E O MODO COMO REALIZAMOS CADA ATIVIDADE DO DIA A DIA PODEM SER CHAMADOS DE **COSTUME** OU DE **HÁBITO**.

CADA POVO, EM CADA ÉPOCA, TEM COSTUMES PRÓPRIOS.

CRIANÇAS DURANTE AULA EM ESCOLA PÚBLICA, NO MUNICÍPIO DE SANTALUZ, BAHIA. FOTO DE 2014.

IR À ESCOLA, POR EXEMPLO, DEVE SER UM DIREITO DE TODAS AS CRIANÇAS BRASILEIRAS. PORÉM, NO PASSADO, LER E ESCREVER FAZIAM PARTE DA ROTINA APENAS DAS FAMÍLIAS RICAS.

AS BRINCADEIRAS TAMBÉM SÃO COSTUMES DE UM POVO.

BRINCAR DE PULAR CORDA É UM COSTUME MUITO ANTIGO. NA FOTO, CRIANÇAS BRINCANDO EM SANTALUZ, BAHIA, 2014.

O MODO COMO UM POVO REALIZA UMA ATIVIDADE TAMBÉM É UM COSTUME.

OS IKPENG PESCAM UTILIZANDO ARMADILHAS COLOCADAS NOS RIOS. NA FOTO, INDÍGENAS IKPENG REALIZANDO PESCA NO MUNICÍPIO DE FELIZ NATAL, MATO GROSSO, 2016.

1 HÁ COSTUMES RETRATADOS NAS FOTOS QUE VOCÊ TAMBÉM TEM? QUAIS?

RELATOS ORAIS

AO CONTAR OS ACONTECIMENTOS E AS EXPERIÊNCIAS PELOS QUAIS PASSOU, VOCÊ ESTÁ FAZENDO UM RELATO ORAL. ISSO TAMBÉM É UM DOCUMENTO HISTÓRICO.

O TEXTO A SEGUIR É UM REGISTRO DO RELATO DE BENEDITO AUGUSTO DA GAMA, DO ESTADO DO PARÁ, REALIZADO EM 2013. NA ÉPOCA, ELE TINHA 92 ANOS DE IDADE.

NASCI NA CIDADE DE OLHO D'ÁGUA, QUE CHAMA-SE MONTE DOURADO AGORA [...], NO DIA 3 DE SETEMBRO DE 1921. [...]

NAQUELE TEMPO O CAMARADA [...] NÃO COMPRAVA ARROZ [...], ELE NÃO COMPRAVA FEIJÃO PORQUE TUDO ELE PLANTAVA. TUDO A GENTE PLANTAVA E TINHA OS LEGUMES PARA COMER [...].

A ROUPA VINHA PARA OS COMÉRCIOS [...]. HOJE A ROUPA JÁ VEM TUDO PRONTA DA FÁBRICA, NAQUELE TEMPO TUDO ERA EM **PEÇA**.

PEÇA: NO TEXTO, REFERE-SE AO TECIDO INTEIRO, ANTES DE SER TRANSFORMADO EM ROUPAS.

Bruna Ishihara/ID/BR

RELATO DE BENEDITO AUGUSTO DA GAMA. MUSEU DA PESSOA, 12 NOV. 2013. DISPONÍVEL EM: <http://www.museudapessoa.net/pt/conteudo/historia/historias-do-inicio-do-jari-3002>. ACESSO EM: 13 JAN. 2017.

1 AO LONGO DO TEMPO, O LUGAR ONDE O SENHOR BENEDITO NASCEU JÁ TEVE QUAIS NOMES?

2 O MODO COMO AS PESSOAS DESSE LUGAR CONSEGUIAM ALIMENTOS, NAQUELA ÉPOCA, É IGUAL AO DO LUGAR ONDE VOCÊ MORA? COMPARE-OS.

3 AS ROUPAS ERAM COMPRADAS DO MESMO MODO QUE HOJE? EXPLIQUE.

ACESSE O RECURSO DIGITAL

AS CARETAS DO MINGAU DE SAUBARA

AS FESTAS TAMBÉM AJUDAM A CONTAR A HISTÓRIA DAS PESSOAS. UM EXEMPLO DISSO É O CORTEJO DAS CARETAS DO MINGAU. ESSA É UMA FESTA POPULAR QUE OCORRE HÁ MAIS DE UM SÉCULO NO MUNICÍPIO DE SAUBARA, BAHIA.

TODOS OS ANOS, DURANTE A MADRUGADA DE 2 DE JULHO, AS MULHERES DE SAUBARA SAEM PELAS RUAS CARACTERIZADAS COMO FANTASMAS E CARREGANDO PANELAS COM MINGAU.

A FESTA É UMA HOMENAGEM À PARTICIPAÇÃO DAS MULHERES NAS BATALHAS CONTRA OS PORTUGUESES, ENTRE 1822 E 1823. NA ÉPOCA, ELAS SE FANTASIARAM DE FANTASMAS PARA ASSUSTAR AS TROPAS PORTUGUESAS E LEVAR MANTIMENTOS E MUNIÇÃO, ESCONDIDOS EM GRANDES PANELAS DE MINGAU, AOS SOLDADOS BAIANOS.

POR MEIO DO CORTEJO, AS MULHERES MAIS VELHAS DE SAUBARA ENSINAM ESSA HISTÓRIA ÀS NOVAS GERAÇÕES.

Assessoria de Comunicação/Secretaria de Cultura do Estado da Bahia/SecultBA

AS CARETAS DO MINGAU SÃO ACOMPANHADAS PELA COMUNIDADE DE SAUBARA, QUE CANTA E TOCA INSTRUMENTOS MUSICAIS. FOTO DE 2015.

João Pereira Fotografia/Acervo do fotógrafo

CONCENTRAÇÃO DO CORTEJO DAS CARETAS DO MINGAU EM SAUBARA, BAHIA. FOTO DE 2015. O CORTEJO SAI PELAS RUAS A PARTIR DAS 3 HORAS DA MANHÃ. PARA ILUMINAR OS CAMINHOS, AS CARETAS USAM TOCHAS.

RAYphotographer/Shutterstock.com/ID/BR

1 QUE CARETA VOCÊ FARIA PARA ASSUSTAR AS TROPAS PORTUGUESAS? DESTAQUE AS PEÇAS DA PÁGINA 131 E MONTE A MINIATURA DE UMA PARTICIPANTE DO CORTEJO. NO CARTÃO EM BRANCO, DESENHE SUA CARETA. DEPOIS, ENCAIXE A CARETA NA MINIATURA.

2 QUAL É A IMPORTÂNCIA DO CORTEJO DAS CARETAS DO MINGAU PARA A PRESERVAÇÃO DA HISTÓRIA DE SAUBARA?

3 NO MUNICÍPIO ONDE VOCÊ MORA, HÁ CORTEJOS OU OUTROS FESTEJOS DE RUA? O QUE ELES COMEMORAM? QUE HISTÓRIA ELES CONTAM?

1 PEÇA A UM ADULTO DE SUA FAMÍLIA QUE MOSTRE A VOCÊ SUA CERTIDÃO DE NASCIMENTO. COM CUIDADO, ENCONTRE AS SEGUINTES INFORMAÇÕES NO DOCUMENTO E ANOTE-AS.

A. SEU NOME COMPLETO.

_____

B. LOCAL E HORÁRIO EM QUE VOCÊ NASCEU.

_____

C. LOCAL E DIA EM QUE O REGISTRO DA CERTIDÃO FOI FEITO.

_____

2 HÁ ALGUM COSTUME QUE VOCÊ E O GRUPO COM QUEM MORA REALIZAM TODOS OS DIAS? QUE COSTUME É ESSE? CONTE AOS COLEGAS E OUÇA OS RELATOS SOBRE OS COSTUMES DELES.

3 LIGUE OS OBJETOS DO PASSADO À VERSÃO ATUAL DE CADA UM DELES.

Sergio Stakhnyk/Shutterstock.com/ID/BR

Gary Ombler/Dorling Kindersley/Getty Images

Miguel Tovar/LatinContent/Getty Images

pion-el111/iStock/Getty Images

KP Photograph/Shutterstock.com/ID/BR

Liupco/iStock/Getty Images

4 A TIRA A SEGUIR É SOBRE O COSTUME DE COMER ARROZ E FEIJÃO.

WILLIAN LEITE. ANÉSIA, N. 249, 9 NOV. 2015 (ADAPTADA). DISPONÍVEL EM: <http://www.willtirando.com.br/anesia-249/>. ACESSO EM: 22 FEV. 2017.

A. VOCÊS COSTUMAM COMER ESSES ALIMENTOS? COMO?

B. IMAGINEM QUE VOCÊS VÃO RESPONDER AO COMENTÁRIO DA MULHER, EXPLICANDO A ELA QUE NÃO EXISTE COSTUME CERTO OU COSTUME ERRADO. COMO VOCÊS DARIAM ESSA EXPLICAÇÃO?

5 LEIA O RELATO A SEGUIR.

> [...] QUANDO CRIANÇA, BRINCÁVAMOS MUITO NA RUA E A PREOCUPAÇÃO ERA MENOR. EXCETO QUANDO NOS MACHUCÁVAMOS. BONS TEMPOS! ALÉM DE JOGAR BOLA, ESCONDE-ESCONDE, ENTRE OUTRAS BRINCADEIRAS SAUDÁVEIS, TÍNHAMOS CRIATIVIDADE. [...]

RELATO DE LUIZ CARLOS MESQUITA RODRIGUES. BRINCADEIRAS DE QUANDO EU ERA CRIANÇA. ACESSASP, 24 OUT. 2012. DISPONÍVEL EM: <http://www.acessasp.sp.gov.br/2012/10/brincadeiras-de-quando-eu-era-crianca/>. ACESSO EM: 14 FEV. 2017.

■ O SENHOR LUIZ CONTA QUE COSTUMAVA BRINCAR NA RUA. VOCÊ TEM ESSE COSTUME? QUE CUIDADOS SÃO IMPORTANTES PARA BRINCAR NESSE ESPAÇO?

MUITAS FAMÍLIAS, MUITAS HISTÓRIAS

ACESSE O RECURSO DIGITAL

EXISTEM FAMÍLIAS DE VÁRIOS TAMANHOS E TIPOS. LEIA O POEMA E OBSERVE A CENA A SEGUIR.

AMj Studio/ID/BR

DESDE QUE O MUNDO É MUNDO EXISTEM FAMÍLIAS. MAS NEM TODAS SÃO IGUAIS, NÃO É VERDADE?

TEM FAMÍLIA QUE É ASSIM:

PAI, MÃE, FILHOS, AVÓS, TIOS E PRIMOS.

[...]

TEM FAMÍLIA QUE É SÓ A MÃE COM OS FILHOS. [...]

TEM FAMÍLIA QUE É SÓ O PAI COM OS FILHOS. [...]

MAS UMA COISA É CERTA: FAMÍLIA TODO MUNDO TEM!

ANNA CLÁUDIA RAMOS E ANA RAQUEL. *TODO MUNDO TEM FAMÍLIA*. BELO HORIZONTE: FORMATO, 2000. P. 10-11, 16-18, 20.

▶ O QUE CADA FAMÍLIA ESTÁ FAZENDO NO PARQUE?

▶ AS FAMÍLIAS SÃO TODAS IGUAIS, DE ACORDO COM O POEMA? E DE ACORDO COM A CENA?

▶ SE VOCÊ ESTIVESSE NESSE PARQUE, QUE ATIVIDADE ESTARIA REALIZANDO? QUAL PARTE DO PARQUE VOCÊ OCUPARIA? POR QUÊ?

▶ AS FAMÍLIAS PODEM SE ORGANIZAR DE DIFERENTES FORMAS. COMO É O GRUPO COM O QUAL VOCÊ VIVE?

CADA FAMÍLIA TEM UM JEITO E UM TAMANHO

AS FAMÍLIAS PODEM SER PARECIDAS, MAS SE ORGANIZAM DE DIFERENTES FORMAS. OBSERVE AS FOTOS ABAIXO.

1 CADA FRASE A SEGUIR ESTÁ RELACIONADA A UMA DAS FOTOS ACIMA. ESCREVA A LETRA DA FOTO AO LADO DA FRASE CORRESPONDENTE.

☐ EXISTE FAMÍLIA FORMADA POR PAI, MÃE E FILHOS.

☐ HÁ FAMÍLIA EM QUE OS FILHOS TÊM DOIS PAIS OU DUAS MÃES.

☐ EXISTE FAMÍLIA SÓ COM PAI E FILHOS OU SÓ COM MÃE E FILHOS.

☐ EXISTEM FAMÍLIAS EM QUE NÃO HÁ FILHOS.

☐ TAMBÉM EXISTEM FAMÍLIAS EM QUE OS NETOS E AS NETAS VIVEM COM OS AVÓS.

☐ EXISTEM FAMÍLIAS EM QUE AVÓS, NETOS, TIOS E PRIMOS VIVEM JUNTOS.

MUITOS POVOS, MUITOS TIPOS DE FAMÍLIA

A FORMA COMO AS FAMÍLIAS DE DIVERSOS POVOS, EM ÉPOCAS DIFERENTES, SE ORGANIZAM É BASTANTE VARIADA.

O TEXTO A SEGUIR É SOBRE AS FAMÍLIAS DE DOIS POVOS INDÍGENAS: OS **KAINGANG** E OS **TAPAYUNA**.

> **KAINGANG:** POVO INDÍGENA QUE VIVE NOS ESTADOS DE SÃO PAULO, PARANÁ, SANTA CATARINA E RIO GRANDE DO SUL.
> **TAPAYUNA:** POVO INDÍGENA QUE VIVE NO ESTADO DO MATO GROSSO.

EM UMA CASA KAINGANG [...], O NÚCLEO FAMILIAR É FORMADO POR "UMA MÃE VELHA", QUE SERIA UMA ESPÉCIE DE **MATRIARCA**, E UMA REDE DE MULHERES: FILHAS, NORAS, NETAS E **AGREGADAS**.

"ESSAS MULHERES SE CUIDAM E SE APOIAM [...]", CONTA A [...] KAINGANG JOZILÉIA DANIZA JACODSEN (YAKIXO). ESSE APOIO INCLUI IR PRA ROÇA, COZINHAR, CUIDAR DAS CRIANÇAS E DA CASA, AMAMENTAR OS BEBÊS UMAS DAS OUTRAS, PRODUZIR O ARTESANATO... CONVERSAR.

[...] OS TAPAYUNA [...] USAM A MESMA PALAVRA PARA DENOMINAR "PAI" E "TIO". É COMO SE AMBOS FOSSEM PAIS DA CRIANÇA IGUALMENTE. [...]

> **MATRIARCA:** MULHER RESPONSÁVEL POR UM GRUPO DE PESSOAS.
> **AGREGADO:** QUEM VIVE COM UMA FAMÍLIA COMO SE FOSSE UM PARENTE PRÓXIMO.

MEMBROS DE UMA FAMÍLIA KAINGANG EM TENENTE PORTELA, RIO GRANDE DO SUL. FOTO DE 2014.

Gerson Gerloff/Pulsar Imagens

ANDRESSA DREHER. AS CRIANÇAS INDÍGENAS QUE SÃO FILHAS DE TODA UMA COMUNIDADE. REVISTA *EDUCACIONAL AZMINA*, 28 NOV. 2016. DISPONÍVEL EM: <http://azmina.com.br/2016/11/as-criancas-indigenas-que-sao-filhas-de-toda-uma-comunidade/>. ACESSO EM: 18 SET. 2017.

2 QUE COSTUMES KAINGANG E TAPAYUNA SÃO CITADOS NO TEXTO? ALGUM DELES É PARECIDO COM UM COSTUME QUE VOCÊ TEM? QUAL?

A FAMÍLIA NO TEMPO

PARA OS ROMANOS QUE VIVERAM HÁ CERCA DE 2 MIL ANOS, A PALAVRA **FAMÍLIA** SIGNIFICAVA UM GRUPO FORMADO POR UM HOMEM, O CHEFE DA FAMÍLIA, POR TODAS AS PESSOAS QUE DEPENDIAM DELE E POR SEUS BENS. ESPOSA, FILHOS, TRABALHADORES DE SUAS TERRAS, ANIMAIS (CACHORROS, BOIS, CAVALOS), MÓVEIS, CASA E CARROÇAS FAZIAM PARTE DA FAMÍLIA.

HOJE, EXISTEM MUITOS TIPOS DE FAMÍLIA. NÃO É APENAS O PARENTESCO QUE UNE AS PESSOAS DE UMA FAMÍLIA. AFETO, CARINHO, COSTUMES E HISTÓRIAS EM COMUM TAMBÉM SÃO ELEMENTOS DE UNIÃO.

Museu Arqueológico Nacional, Sofia. Fotografia: De Agostini Picture Library/ A. Dagli Orti/Bridgeman Images/Easypix

DETALHE DE UMA SEPULTURA ROMANA FEITA HÁ CERCA DE 2 MIL ANOS. ELA RETRATA UMA FAMÍLIA ROMANA.

1 PINTE DE LARANJA OS QUADRINHOS DAS AFIRMAÇÕES QUE ESTÃO DE ACORDO COM O TEXTO.

☐ AFETO E CARINHO TAMBÉM UNEM AS PESSOAS DE UMA FAMÍLIA.

☐ AS FAMÍLIAS SE ORGANIZAM DE DIFERENTES MODOS.

☐ A FORMA DE ORGANIZAÇÃO DAS FAMÍLIAS SEMPRE FOI A MESMA.

2 EM SUA OPINIÃO, QUE DIFERENÇAS HÁ ENTRE A IDEIA DE FAMÍLIA PARA OS ROMANOS ANTIGOS E A IDEIA DE FAMÍLIA ATUAL?

CADA FAMÍLIA TEM UMA HISTÓRIA

OS ACONTECIMENTOS E OS COSTUMES DAS FAMÍLIAS FAZEM PARTE DA HISTÓRIA DELAS.

ELES PODEM SER LEMBRADOS PELAS PESSOAS E TRANSMITIDOS POR VÁRIAS GERAÇÕES.

3 LEIA UM TRECHO DO RELATO DE DONA MESSIAS ANDRADE DE JESUS, QUE NASCEU EM CURUÇÁ, NA BAHIA, EM 1930.

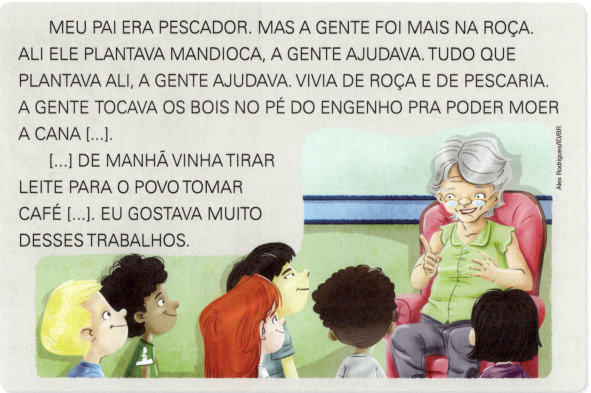

MEU PAI ERA PESCADOR. MAS A GENTE FOI MAIS NA ROÇA. ALI ELE PLANTAVA MANDIOCA, A GENTE AJUDAVA. TUDO QUE PLANTAVA ALI, A GENTE AJUDAVA. VIVIA DE ROÇA E DE PESCARIA. A GENTE TOCAVA OS BOIS NO PÉ DO ENGENHO PRA PODER MOER A CANA [...].

[...] DE MANHÃ VINHA TIRAR LEITE PARA O POVO TOMAR CAFÉ [...]. EU GOSTAVA MUITO DESSES TRABALHOS.

Alex Rodrigues/ID/BR

RELATO DE MESSIAS ANDRADE DE JESUS. MUSEU DA PESSOA, 26 OUT. 2014. DISPONÍVEL EM: <http://www.museudapessoa.net/pt/conteudo/historia/dona-messias-precisava-subir-num-caixote-para-botar-a-panela-no-fogo-95598>. ACESSO EM: 15 MAIO 2017.

A. SOBRE QUAL PARENTE DONA MESSIAS FALA NO INÍCIO DO RELATO?

B. QUE ATIVIDADES ELA REALIZAVA PARA AJUDAR O PAI?

4 FALE PARA OS COLEGAS SOBRE UMA PESSOA DE SUA FAMÍLIA, OU DO GRUPO DE PESSOAS COM QUEM VIVE, QUE SEJA MUITO ESPECIAL PARA VOCÊ. CONTE AS ATIVIDADES QUE VOCÊ JÁ REALIZOU EM COMPANHIA DELA.

OS OBJETOS CONTAM HISTÓRIAS

OS OBJETOS TAMBÉM PODEM CONTAR HISTÓRIAS SOBRE AS FAMÍLIAS. ROUPAS, ENFEITES, MÓVEIS, INSTRUMENTOS MUSICAIS, FERRAMENTAS, LOUÇAS E BRINQUEDOS SÃO IMPORTANTES FONTES DE INFORMAÇÃO A RESPEITO DAS FAMÍLIAS DE DIFERENTES ÉPOCAS.

OBSERVE A IMAGEM ABAIXO.

Pinacoteca do Estado de São Paulo. Fotografia: ID/BR

ALMEIDA JÚNIOR. *CENA DE FAMÍLIA DE ADOLFO PINTO*, 1891. ÓLEO SOBRE TELA.

5 QUAIS OBJETOS VOCÊ IDENTIFICA NA IMAGEM?

6 COMPLETE A TABELA COM OS NOMES DESSES OBJETOS.

OBJETOS PARECIDOS COM AQUELES QUE EXISTEM HOJE NAS CASAS	OBJETOS DIFERENTES DAQUELES QUE EXISTEM HOJE NAS CASAS

OS SOBRENOMES

AO NASCER, RECEBEMOS O SOBRENOME DA FAMÍLIA. MAS NEM SEMPRE FOI ASSIM. NO PASSADO, ERA COMUM TER APENAS O PRIMEIRO NOME. AO LONGO DO TEMPO, AS FAMÍLIAS COMEÇARAM A SER IDENTIFICADAS PELOS SOBRENOMES.

EXISTEM SOBRENOMES DE VÁRIAS ORIGENS. HÁ AQUELES QUE SÃO NOMES DE PLANTAS, COMO PEREIRA E OLIVEIRA. HÁ TAMBÉM NOMES DE LUGARES, COMO BRAGA, QUE É UMA CIDADE DE PORTUGAL. PORÉM, MUITAS VEZES, É DIFÍCIL SABER A ORIGEM DE UM SOBRENOME.

Ilustrações: Ilustra Cartoon/ID/BR
Fundo: s_maria/Shutterstock.com/ID/BR

7 VOCÊ SABE DE ONDE VEIO SEU SOBRENOME? RESPONDA ÀS QUESTÕES A SEGUIR. SE VOCÊ NÃO SOUBER AS RESPOSTAS, PERGUNTE A UM ADULTO DE SUA FAMÍLIA.

A. QUAL É SEU SOBRENOME?

_____

B. NO GRUPO DE PESSOAS COM QUEM VOCÊ VIVE, QUE PESSOAS MAIS VELHAS TÊM O SOBRENOME IGUAL AO SEU?

_____

 SILVA, LEÃO, OLIVEIRA...
DISPONÍVEL EM: <http://chc.cienciahoje.uol.com.br/silva-leao-oliveira/>.
ACESSO EM: 30 AGO. 2017.
NESSE *LINK* DA REVISTA *CIÊNCIA HOJE DAS CRIANÇAS*, CONHEÇA A ORIGEM DE ALGUNS DOS SOBRENOMES BRASILEIROS MAIS COMUNS.

FOTOS DE FAMÍLIA

É COMUM AS PESSOAS SEREM FOTOGRAFADAS EM REUNIÕES FAMILIARES, COMO CASAMENTOS, PASSEIOS, ETC. ESSES MOMENTOS FICAM REGISTRADOS NAS FOTOS!

ESSAS FOTOS GUARDAM A HISTÓRIA DA FAMÍLIA. ELAS TAMBÉM FORNECEM INFORMAÇÕES DE UMA ÉPOCA: COMO ERAM AS FAMÍLIAS E COMO VIVIAM, QUAIS ERAM AS DIVERSÕES, COMO ERAM AS ROUPAS, ETC.

OBSERVE AS FOTOS ABAIXO.

LUÍS E ANA OLIVEIRA, 1915.

FAMÍLIA OLIVEIRA, 1935.

1 EM 1915, QUANTAS PESSOAS FORMAVAM A FAMÍLIA OLIVEIRA?

2 E EM 1935?

3 QUE DETALHES PODEM INDICAR QUE ESSAS FOTOS NÃO SÃO ATUAIS?

4 EM SUA OPINIÃO, O QUE A FAMÍLIA OLIVEIRA ESTAVA FAZENDO NOS DIAS EM QUE FOI FOTOGRAFADA? ESCOLHA UMA DAS FOTOS E CRIE UMA PEQUENA HISTÓRIA PARA ELA. DEPOIS, CONTE A HISTÓRIA PARA OS COLEGAS.

1 DESTAQUE AS PEÇAS DA PÁGINA 133. DEPOIS, COLE ESSAS PEÇAS NOS LOCAIS CORRETOS DO DIAGRAMA ABAIXO. PARA ISSO, DESCUBRA OS PARENTESCOS INDICADOS NAS FRASES A SEGUIR.

A. ESPOSA DO IRMÃO DO MEU PAI.

B. FILHO DO IRMÃO DA MINHA MÃE.

C. PAI DA MINHA PRIMA.

D. MÃE DA MINHA MÃE.

E. OUTRO FILHO DO MEU PAI.

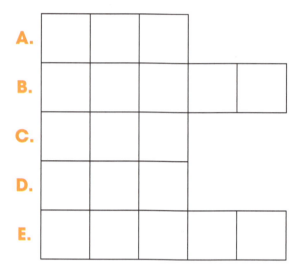

2 O GRUPO DE PESSOAS QUE VIVE COM VOCÊ É DIFERENTE DO GRUPO QUE VIVE COM SEU COLEGA. E CADA PESSOA DA FAMÍLIA É DE UM JEITO. SOBRE ISSO, RESPONDA:

A. EM SUA OPINIÃO, AS DIFERENÇAS PODEM DIFICULTAR O RELACIONAMENTO ENTRE PESSOAS DE UMA FAMÍLIA E DE OUTRA? POR QUÊ?

B. AS PESSOAS QUE FAZEM PARTE DE UMA MESMA FAMÍLIA OU DE UM MESMO GRUPO SÃO DIFERENTES ENTRE SI. CADA UMA TEM GOSTOS, OPINIÕES E MODOS DE PENSAR PRÓPRIOS. ISSO PODE GERAR CONFLITOS. EM SUA OPINIÃO, COMO ESSES CONFLITOS PODEM SER RESOLVIDOS?

3 AGORA, VOCÊ VAI REPRESENTAR SUA FAMÍLIA OU O GRUPO DE PESSOAS COM QUEM VIVE EM UM PAINEL DE IMAGENS. PARA ISSO, SIGA AS ETAPAS ABAIXO.

- PEÇA AOS ADULTOS COM QUEM VOCÊ VIVE UMA FOTO SUA E UMA DE CADA PESSOA DA FAMÍLIA. SE NÃO CONSEGUIR NENHUMA, FAÇA UM DESENHO.

- ORGANIZE AS IMAGENS DAS PESSOAS EM ORDEM DECRESCENTE DE IDADE (DO MAIS VELHO PARA O MAIS NOVO).

- COLE AS IMAGENS EM UMA CARTOLINA OU EM UMA FOLHA DE PAPEL PARDO, SEGUINDO A ORDEM DE IDADE.

- EMBAIXO DE CADA FOTO, ESCREVA O NOME DA PESSOA E O GRAU DE PARENTESCO DELA COM VOCÊ, SE HOUVER.

- ENFEITE SEU PAINEL DO JEITO QUE QUISER.

- MOSTRE SEU PAINEL AOS COLEGAS.

Ilustração: Ilustra Cartoon/ID/BR. Fotografias (da esquerda para a direita, de cima para baixo): Barsik/Dreamstime. com/ID/BR; Elenathewise/Dreamstime/Dreamstime.com/ID/BR; Andres Rodriguez/Dreamstime.com/ID/BR; Jason Stitt/ Dreamstime.com/ID/BR; Galina Barskaya/Dreamstime/Dreamstime.com/ID/BR; José Wilson Araújo/Shutterstock/ID/BR; Peteralbrektsen/Dreamstime.com/ID/BR; Auremar/Shutterstock/ID/BR; AVAVA/Shutterstock/ID/BR; Bobby Deal/ Shutterstock/ID/BR; Photobank.ch/Shutterstock/ID/BR.

PAINEL DA FAMÍLIA DE PEDRO.

CONVIVENDO COM A FAMÍLIA

LEIA O TEXTO SOBRE O DIA EM QUE RAQUEL CONHECE LORELAI E A FAMÍLIA DELA.

– O SENHOR PODIA CONSERTAR ESSA GUARDA-CHUVA PRA MIM? [...] QUANDO ELE IA RESPONDER, O RELÓGIO COMEÇOU A BATER. [...] E BATIA HORA TOCANDO MÚSICA. [...] TODO MUNDO FICOU LOGO LIGADO E DEIXOU TUDO [...] PRA IR PRO MEIO DA CASA DANÇAR. [...]

DE REPENTE, A MÚSICA PAROU. [...] O HOMEM TINHA PARADO JUNTO DO FOGÃO [...], A MENINA JUNTO DA GUARDA-CHUVA, E A MULHER PERTO DA PANELA E DA SOLDA. [...]

[...] APONTEI [...]:

– ELE É TEU PAI?

– É. – E AÍ ELA APRESENTOU OS TRÊS:

– MEU PAI, MINHA MÃE E MEU AVÔ. [...]

– POR QUE É QUE ELE TÁ COZINHANDO E TUA MÃE TÁ SOLDANDO PANELA?

– PORQUE ELA HOJE JÁ COZINHOU BASTANTE E ELE JÁ CONSERTOU UMA PORÇÃO DE COISAS; [...] TAVA NA HORA DE TROCAR TUDO.

LYGIA BOJUNGA. *A BOLSA AMARELA*. 33. ED. RIO DE JANEIRO: CASA LYGIA BOJUNGA, 2006. P. 110-112.

▶ COMO É A FAMÍLIA DE LORELAI? ELA SE PARECE COM A SUA FAMÍLIA? EXPLIQUE.

▶ EM SUA CASA, COMO AS TAREFAS SÃO DIVIDIDAS ENTRE OS MORADORES?

O DIA A DIA EM FAMÍLIA

AS FAMÍLIAS ORGANIZAM SEUS HORÁRIOS E SUAS ATIVIDADES DIÁRIAS DE DIFERENTES FORMAS. POR EXEMPLO, EM ALGUMAS FAMÍLIAS AS PESSOAS SE REÚNEM PARA FAZER AS REFEIÇÕES E EM OUTRAS, NÃO.

PARTICIPAR DA ARRUMAÇÃO DA CASA, TRABALHAR, ESTUDAR, DIVERTIR-SE SÃO OUTRAS ATIVIDADES QUE PODEM VARIAR DE FAMÍLIA PARA FAMÍLIA.

1 O QUE VOCÊ COSTUMA FAZER SOZINHO? E COM AS PESSOAS QUE MORAM COM VOCÊ? PINTE AS OPÇÕES UTILIZANDO AS CORES A SEGUIR.

- FAÇO COM TODA A FAMÍLIA.
- FAÇO COM ALGUMAS PESSOAS DA FAMÍLIA.
- FAÇO SOZINHO OU COM PESSOAS QUE NÃO SÃO DA FAMÍLIA.

☐ TOMAR CAFÉ DA MANHÃ.	☐ AJUDAR NA ARRUMAÇÃO DA CASA.
☐ ALMOÇAR.	☐ FAZER OS DEVERES DA ESCOLA.
☐ IR À ESCOLA.	☐ LER LIVROS.
☐ VER TELEVISÃO.	☐ FAZER COMPRAS.
☐ BRINCAR.	☐ PASSEAR.

2 ESCOLHA UMA DAS ATIVIDADES QUE VOCÊ MARCOU NO EXERCÍCIO ANTERIOR. EM UMA FOLHA AVULSA, FAÇA UM DESENHO PARA REPRESENTAR ESSA ATIVIDADE. DEPOIS, MOSTRE SEU DESENHO PARA OS COLEGAS E CONTE A ELES POR QUE VOCÊ ESCOLHEU REPRESENTÁ-LA.

AS TAREFAS DOMÉSTICAS

NO DIA A DIA, TODOS DEVEM PARTICIPAR DAS TAREFAS DE CASA. OBSERVE AS IMAGENS ABAIXO.

3 AGORA, RESPONDA ÀS QUESTÕES.

A. O QUE ESTÁ ACONTECENDO NA FOTO **A**?

B. E O QUE ESTÁ ACONTECENDO NA FOTO **D**?

C. CONTORNE AS FOTOS QUE MOSTRAM SITUAÇÕES QUE OCORREM EM SUA FAMÍLIA.

D. O QUE CADA PESSOA DE SUA FAMÍLIA FAZ PARA COLABORAR NAS TAREFAS DE CASA?

4 VOCÊ ACHA QUE HÁ TAREFAS DE CASA QUE DEVEM SER FEITAS SOMENTE POR MULHERES? POR QUÊ?

OS COSTUMES DE CADA FAMÍLIA

CADA FAMÍLIA TEM SUAS HISTÓRIAS, SEUS GOSTOS E SEUS COSTUMES. ELES SÃO PASSADOS DOS MAIS VELHOS AOS MAIS NOVOS. OBSERVE ALGUNS COSTUMES.

AVÓS E NETO DURANTE ALMOÇO NO MUNICÍPIO DE SÃO PAULO. FOTO DE 2014.

PAI E FILHO DO POVO GUARANI PASSEIAM EM ALDEIA DE BIGUAÇU, SANTA CATARINA. FOTO DE 2015.

TIAS E SOBRINHA CONVERSAM EM RODA DE CHIMARRÃO EM SANTA MARIA, RIO GRANDE DO SUL. FOTO DE 2016.

1 ESCOLHAM UMA DAS SITUAÇÕES EM FAMÍLIA RETRATADAS ACIMA E IMAGINEM OUTRAS ATIVIDADES DO DIA A DIA DESSA FAMÍLIA. ANOTEM ESSAS ATIVIDADES NO CADERNO E DEPOIS LEIAM PARA A TURMA.

2 SUA FAMÍLIA COSTUMA FAZER ALGO ESPECIAL, DE QUE TODOS GOSTAM MUITO? EM CASO AFIRMATIVO, O QUÊ?

RECONHECENDO OS COSTUMES

AS FESTAS, O MODO DE ORGANIZAR A MORADIA, AS BRINCADEIRAS, OS JOGOS E OS PRATOS TÍPICOS SÃO ALGUNS DOS ASPECTOS QUE VARIAM DE FAMÍLIA PARA FAMÍLIA.

3 VOCÊ VAI IDENTIFICAR ALGUNS COSTUMES DA SUA FAMÍLIA E REALIZAR DOIS REGISTROS SOBRE ELES: ESCREVER UMA FRASE E FAZER UM DESENHO. CASO NÃO SAIBA OS COSTUMES A SEGUIR, PERGUNTE A UM ADULTO DE SUA FAMÍLIA.

A. QUAL É A SUA COMEMORAÇÃO FAVORITA EM FAMÍLIA?

B. QUAIS ALIMENTOS COSTUMAM SER SERVIDOS DURANTE AS REFEIÇÕES COM A SUA FAMÍLIA?

4 AGORA, TROQUE DE LIVRO COM UM COLEGA E CONHEÇA OS COSTUMES DA FAMÍLIA DELE.

FAMÍLIAS DIFERENTES, COSTUMES DIFERENTES

AS DIFERENÇAS DE COSTUMES SÃO MAIS EVIDENTES QUANDO COMPARAMOS OS COSTUMES DE FAMÍLIAS DE POVOS DIFERENTES. O TEXTO A SEGUIR É SOBRE ALGUNS COSTUMES DO POVO SATERÉ-MAWÉ, DO AMAZONAS. VOCÊ JÁ OUVIU FALAR DESSE POVO?

NA COMUNIDADE INDÍGENA RURAL SAHÚ-APÉ [...], AS CRIANÇAS VIVEM NUM CENÁRIO BASTANTE NATURAL, PRÓXIMO DE SUAS TRADIÇÕES E COSTUMES, ISTO É, RODEADAS POR RIOS [...] E MATAS. CAÇAM E PESCAM COM OS MAIS VELHOS, O QUE A NATUREZA [...] OFERECE, COMO JACARÉ, **CUTIA**, PEIXES, ENTRE OUTROS [ANIMAIS]. [...]

ELAS PARTICIPAM DA COLHEITA DE MILHO, MANDIOCA E DO PREPARO DA FARINHA. ELAS SABEM IDENTIFICAR AS FRUTAS DA NATUREZA E AQUELAS CULTIVADAS. APRENDEM A ARTE DE ANDAR DE CANOA E ORIENTAR-SE PELO CAMINHO DO MATO. [...]

Fabio Colombini/Acervo do fotógrafo

CRIANÇAS DO POVO SATERÉ-MAWÉ, DA COMUNIDADE RURAL SAHÚ-APÉ, NO AMAZONAS, BRINCANDO NAS MARGENS DE UM RIO. FOTO DE 2014.

CUTIA: ESPÉCIE DE ANIMAL ROEDOR.

JOÃO LUIZ DA COSTA BARROS. *BRINCADEIRAS E RELAÇÕES INTERCULTURAIS NA ESCOLA INDÍGENA*: UM ESTUDO DE CASO NA ETNIA SATERÉ-MAWÉ. 2012. 133 P. TESE (DOUTORADO EM EDUCAÇÃO) – UNIMEP, PIRACICABA.

5 O QUE MAIS CHAMOU SUA ATENÇÃO NO MODO DE VIDA DA COMUNIDADE SAHÚ-APÉ? VOCÊ E SUA FAMÍLIA REALIZAM MUITAS ATIVIDADES JUNTOS? QUAIS?

FAMÍLIAS DE UM PASSADO DISTANTE

VOCÊ JÁ SABE QUE AS LEGENDAS TRAZEM IMPORTANTES INFORMAÇÕES SOBRE AS IMAGENS. AGORA, VAMOS EXPLORAR UMA DESSAS INFORMAÇÕES: AS DATAS.

A IMAGEM ABAIXO MOSTRA UMA FAMÍLIA EGÍPCIA QUE VIVEU HÁ MUITO TEMPO. O POVO DO EGITO ANTIGO HABITAVA TERRITÓRIOS DO NORTE DA ÁFRICA.

Museu de Arte Egípcia de Berlim, Berlim. Fotografia: Prisma/UIG/Getty Images

MONUMENTO DE PEDRA FEITO HÁ MAIS DE QUATRO MIL ANOS. ELE REPRESENTA A FAMÍLIA DO **FARAÓ** AKHENATON, DO EGITO ANTIGO. FOTO DE 2016.

MONUMENTO: OBRA, COMO ESCULTURA, FEITA EM HOMENAGEM A UMA PESSOA, A UM GRUPO OU A UM ACONTECIMENTO. GERALMENTE, O MONUMENTO É COLOCADO EM LOCAIS PÚBLICOS.
FARAÓ: COMO ERA CHAMADO O REI NO EGITO ANTIGO.

A LEGENDA DA FOTO ACIMA APRESENTA DUAS DATAS: QUANDO O MONUMENTO DE PEDRA FOI FEITO (HÁ QUATRO MIL ANOS) E O ANO EM QUE A FOTO FOI TIRADA (2016).

AGORA É A SUA VEZ

1 DE ACORDO COM A IMAGEM, QUANTAS CRIANÇAS FAZIAM PARTE DA FAMÍLIA DO FARAÓ AKHENATON? E QUANTOS ADULTOS? ANOTE AS QUANTIDADES NOS QUADRINHOS.

☐ CRIANÇAS   ☐ ADULTOS

2 O MONUMENTO EM QUE FOI REPRESENTADA A FAMÍLIA DE AKHENATON É ANTIGO OU É RECENTE? E A FOTO DESSE MONUMENTO? RESPONDA LIGANDO OS QUADROS.

| MONUMENTO DE PEDRA | RECENTE |
| FOTO | ANTIGO |

3 OBSERVE A OBRA AO LADO. ELA RETRATA UMA FAMÍLIA DA ROMA ANTIGA.

DETALHE DE UM ALTAR ROMANO FEITO HÁ MAIS DE DOIS MIL ANOS. ELE MOSTRA PARTE DA FAMÍLIA DO IMPERADOR ROMANO AUGUSTO. FOTO DE 2015.

A. QUANDO A FOTO FOI FEITA? _____

B. QUANDO O ALTAR FOI CONSTRUÍDO? _____

4 COMPARE AS IMAGENS **A** E **B**. QUAL FAMÍLIA ANTIGA, APARENTEMENTE, ERA MAIS NUMEROSA, A EGÍPCIA OU A ROMANA? EXPLIQUE.

APRENDER SEMPRE

ACESSE O RECURSO DIGITAL

1 A COMEMORAÇÃO DO ANIVERSÁRIO FAZ PARTE DOS COSTUMES DE MUITAS FAMÍLIAS. O RELATO ABAIXO TRATA DISSO.

ACORDEI CEDO NAQUELE DIA. SETE ANOS. [...] NÃO VI NINGUÉM. [...] ESTAVA DE FÉRIAS. ALIÁS, ESTA SEMPRE FOI UMA FRUSTRAÇÃO. FAZER ANIVERSÁRIO NO PERÍODO DE FÉRIAS. [...] DA **CASA DE FARINHA**, LÁ DO ALTO DO MORRO, OUVI UM ASSOBIO. AQUELE ERA O TRADICIONAL AVISO QUE O **BIJU** HAVIA ACABADO DE FICAR PRONTO. [...] EM DEZ MINUTOS MEU TIO CHEGAVA [...]. DISSE-ME: "HOJE É UM DIA ESPECIAL E O CAFÉ TAMBÉM VAI SER ESPECIAL". [...]

CASA DE FARINHA: LUGAR DA CASA ONDE É PRODUZIDA A FARINHA DE MANDIOCA.
BIJU: ALIMENTO FEITO COM MASSA DE MANDIOCA.

Bruna Ishihara/ID/BR

RELATO DE MICHELE MARIA DE SOUZA. MUSEU DA PESSOA, 11 FEV. 2014. DISPONÍVEL EM: <http://www.museudapessoa.net/pt/conteudo/historia/um-aniversario-inesquecivel-52768>. ACESSO EM: 24 JAN. 2017.

A. MICHELE FAZ ANIVERSÁRIO EM QUAL ÉPOCA DO ANO? EM QUAIS MESES DO ANO PODE SER O ANIVERSÁRIO DELA? LEVANTE HIPÓTESES.

B. ELA GOSTA DE FAZER ANIVERSÁRIO NESSE PERÍODO? EXPLIQUE COM UM TRECHO DO RELATO.

C. ELA ESTÁ CONTANDO SOBRE A COMEMORAÇÃO DO ANIVERSÁRIO DE QUANTOS ANOS? SUA IDADE É IGUAL À IDADE DELA? EXPLIQUE.

D. VOCÊ COSTUMA COMEMORAR SEU ANIVERSÁRIO? COMO?

2 ADOTAR ANIMAIS DOMÉSTICOS, ISTO É, ANIMAIS QUE FORAM ACOSTUMADOS A CONVIVER COM SERES HUMANOS, FAZ PARTE DO COTIDIANO DE MUITAS FAMÍLIAS. O TEXTO QUE VOCÊ VAI LER AGORA É SOBRE ISSO.

[...] OS CAVALOS E A VAQUINHA ERAM DO PAI, OS BURRICOS E A CABRITA ERAM DO AVÔ, AS GALINHAS E AS OUTRAS AVES ERAM DA MÃE, DA AVÓ, UM POUQUINHO DELES TAMBÉM. AFINAL, ERAM ELES QUE DAVAM MILHO E CATAVAM OS OVOS. OS GATOS? DE NINGUÉM EM ESPECIAL, ERAM DA CASA.

Carlos Caminha/ID/BR

LÚCIA HIRATSUKA. *LADRÃO DE OVOS*. SÃO PAULO: SM, 2011. P. 6.

A. CONTORNE OS NOMES DOS ANIMAIS DOMÉSTICOS QUE APARECEM NO TEXTO.

B. SUA FAMÍLIA TEM O COSTUME DE CUIDAR DE ALGUM ANIMAL DOMÉSTICO? EM CASO AFIRMATIVO, QUAL?

C. VOCÊ GOSTARIA DE SER **TUTOR** DE ALGUM ANIMAL DOMÉSTICO? EM CASO AFIRMATIVO, QUAL?

TUTOR: PESSOA QUE CUIDA DE UM ANIMAL E É RESPONSÁVEL POR ELE.

D. IMAGINE QUE VOCÊ É TUTOR DESSE ANIMAL. QUAIS TAREFAS VOCÊ TERIA QUE FAZER PARA GARANTIR O BEM-ESTAR DESSE ANIMAL?

VOCÊ SABE QUAL É A ORIGEM DE SUA FAMÍLIA?

MUITAS FAMÍLIAS BRASILEIRAS SÃO FORMADAS POR PESSOAS DE DIFERENTES ORIGENS. NO TEXTO A SEGUIR, O MÉDICO DRAUZIO VARELLA CONTA A ORIGEM DA FAMÍLIA DA MÃE DELE.

MEU [...] AVÔ, PAI DA MINHA MÃE, COSTUMAVA SE SENTAR NA CADEIRA DE BALANÇO E LER AS NOTÍCIAS DA GUERRA PARA MINHA AVÓ. [...]

ERA UM HOMEM BAIXO E ATARRACADO, QUE ESCREVIA COM LETRA PERFEITA. [...] NASCIDO NUMA REGIÃO CHAMADA TRÁS-OS-MONTES, AO NORTE DE PORTUGAL, VEIO PARA O BRASIL COM O PAI, PROFESSOR, A MÃE E UM IRMÃO. [...]

FOI NO **BRÁS** QUE ELE CONHECEU A MINHA AVÓ ANA. ESSA MINHA AVÓ NASCEU NO PORTO, UMA DAS MAIORES CIDADES DE PORTUGAL, E CHEGOU CRIANÇA AO BRASIL, JUNTO COM A FAMÍLIA NUMEROSA. [...]

BRÁS: BAIRRO DO MUNICÍPIO DE SÃO PAULO. HÁ CERCA DE 70 ANOS, ERA UM BAIRRO COM MUITAS FÁBRICAS E MORADIAS DE OPERÁRIOS.

DRAUZIO VARELLA. *NAS RUAS DO BRÁS*. SÃO PAULO: COMPANHIA DAS LETRINHAS, 2004. P. 11-12 (COLEÇÃO MEMÓRIA E HISTÓRIA).

▶ SEGUNDO O TEXTO, ONDE NASCERAM OS AVÓS MATERNOS DE DRAUZIO VARELLA?

▶ ONDE O AVÔ E A AVÓ DELE SE CONHECERAM?

▶ ASSIM COMO DRAUZIO VARELLA, VOCÊ CONHECE ALGUMA HISTÓRIA DO PASSADO DOS SEUS FAMILIARES? EM CASO AFIRMATIVO, CONTE-A PARA OS COLEGAS.

▶ VOCÊ CONSIDERA ESSAS HISTÓRIAS IMPORTANTES? POR QUÊ?

FAMÍLIAS DE DIFERENTES ORIGENS

PESSOAS DE DIFERENTES LUGARES DO MUNDO VIERAM MORAR NO BRASIL. COMEÇARAM A CHEGAR EM 1500, ENCONTRANDO AQUI OS POVOS INDÍGENAS.

PRIMEIRO, VIERAM OS PORTUGUESES. DEPOIS, OS AFRICANOS FORAM TRAZIDOS À FORÇA PARA TRABALHAR. SÉCULOS MAIS TARDE, CHEGARAM ITALIANOS, ALEMÃES, ESPANHÓIS, JAPONESES, ÁRABES, ETC. TODOS ELES CONTRIBUÍRAM PARA A FORMAÇÃO DAS FAMÍLIAS BRASILEIRAS. OBSERVE AS FOTOS.

FAMÍLIA FOTOGRAFADA NO MUNICÍPIO DE SÃO PAULO, EM 2014.

FAMÍLIA FOTOGRAFADA EM CORUMBÁ, MATO GROSSO DO SUL, EM 2014.

FAMÍLIA FOTOGRAFADA EM LONDRINA, PARANÁ, EM 2017.

1 PINTE DE **AMARELO** O QUADRINHO DA FRASE QUE ESTÁ DE ACORDO COM ESSAS FOTOS.

☐ TODAS AS FAMÍLIAS BRASILEIRAS TÊM A MESMA ORIGEM.

☐ CADA FAMÍLIA ESTÁ ORGANIZADA À SUA MANEIRA E PODE TER ORIGENS DIFERENTES.

UMA MISTURA DE COSTUMES

AS DIFERENTES ORIGENS CONTRIBUÍRAM PARA A GRANDE DIVERSIDADE DE COSTUMES DAS FAMÍLIAS BRASILEIRAS.

NA RUA, NA ESCOLA, NO TRABALHO, AS PESSOAS SE ENCONTRAM E CONVIVEM. NESSA CONVIVÊNCIA CADA UMA APRENDE ALGO DOS COSTUMES DA OUTRA.

POR EXEMPLO, MUITA GENTE TEM O HÁBITO DE COMER MANDIOCA, QUE É DE ORIGEM INDÍGENA. OU DE COMER CARNE COZIDA COM INHAME, UM LEGUME TRAZIDO PELOS POVOS AFRICANOS. E DE VEZ EM QUANDO É MUITO BOM TOMAR UMA SOPA, COMO FAZEM OS PORTUGUESES. VOCÊ GOSTA DE ALGUM DESSES ALIMENTOS?

2 COMPLETE AS FRASES COM OS NOMES DOS PRATOS RETRATADOS NAS FOTOS.

A. A _____ É FEITA DE FARINHA DE MANDIOCA. A ORIGEM DESSE ALIMENTO É INDÍGENA.

B. O COSTUME DE TOMAR _____ FOI TRAZIDO PELOS PORTUGUESES.

C. O _____ É UM PRATO DE ORIGEM ÁRABE.

D. O _____ FOI TRAZIDO AO BRASIL PELOS POVOS AFRICANOS.

OS COSTUMES NAS FAMÍLIAS DO PASSADO

NO PASSADO, HÁ POUCO MAIS DE CEM ANOS, AS FAMÍLIAS BRASILEIRAS ERAM DIFERENTES DAS FAMÍLIAS ATUAIS.

ELAS ERAM, GERALMENTE, MAIS NUMEROSAS. OS RAPAZES E, PRINCIPALMENTE, AS MOÇAS SE CASAVAM MUITO JOVENS E TINHAM MUITOS FILHOS.

NESSA ÉPOCA, APENAS OS HOMENS DE FAMÍLIAS RICAS ERAM EDUCADOS PARA TER UMA PROFISSÃO E CONTINUAR ESTUDANDO ATÉ A UNIVERSIDADE. AS TAREFAS DA CASA ERAM OBRIGAÇÃO APENAS DAS MULHERES.

Coleção José Ariodante Mattana/Arquivo Histórico Municipal João Spadari Adami, Caxias do Sul

FAMÍLIA FOTOGRAFADA EM CAXIAS DO SUL, RIO GRANDE DO SUL, EM CERCA DE 1915.

1 OBSERVE A FOTO ACIMA E RESPONDA ÀS QUESTÕES.

A. QUANDO E ONDE ESSA FOTO FOI TIRADA?

_____

B. QUANTOS ADULTOS FAZEM PARTE DESSA FAMÍLIA? E QUANTAS CRIANÇAS?

_____

C. COMO AS CRIANÇAS ESTÃO VESTIDAS? E OS ADULTOS?

D. AS ROUPAS DAS PESSOAS DESSA FAMÍLIA SÃO DIFERENTES DAS ROUPAS QUE VOCÊ E OS COLEGAS USAM? EXPLIQUE.

O PAPEL DAS MULHERES

HÁ CERCA DE CEM ANOS, NAS FAMÍLIAS RICAS DO BRASIL, AS MULHERES ERAM EDUCADAS PARA CUIDAR DA CASA. POUCAS TRABALHAVAM FORA OU CONTINUAVAM A ESTUDAR APÓS CONCLUIR A FORMAÇÃO BÁSICA.

NAS FAMÍLIAS MAIS POBRES, MUITAS MULHERES TRABALHAVAM FORA DE CASA. ERAM OPERÁRIAS, COSTUREIRAS, BALCONISTAS, EMPREGADAS DOMÉSTICAS.

ELAS TAMBÉM CUIDAVAM DA CASA, FAZENDO AS TAREFAS DOMÉSTICAS BEM CEDO, ANTES DE IR TRABALHAR, OU À NOITE E NOS DIAS DE FOLGA. OBSERVE AS FOTOS ABAIXO.

Coleção particular. Fotografia: ID/BR

OPERÁRIAS TRABALHANDO EM FÁBRICA DE TECIDOS EM CAMPINAS, SÃO PAULO. FOTO DE 1923.

Fotógrafo não identificado/Memorial do Imigrante, São Paulo

COLHEITA DE CAFÉ NO ESTADO DE SÃO PAULO. FOTO DE CERCA DE 1920.

2 QUE TRABALHOS AS MULHERES ESTÃO REALIZANDO EM CADA FOTO? ATUALMENTE, AS MULHERES REALIZAM OS TRABALHOS RETRATADOS?

MUDANÇAS

HÁ CERCA DE CEM ANOS, APÓS MUITA LUTA, AS MULHERES COMEÇARAM A EXERCER PROFISSÕES MAIS VARIADAS. TAMBÉM FORAM CONQUISTANDO O DIREITO DE CONTINUAR OS ESTUDOS, DE EXERCER ALGUMAS PROFISSÕES QUE ANTES ERAM EXCLUSIVAS DOS HOMENS. POR EXEMPLO, A CARREIRA MÉDICA.

À ESQUERDA, ODETTE DOS SANTOS NORÁ, ALUNA DA PRIMEIRA TURMA DA FACULDADE DE MEDICINA DA UNIVERSIDADE DE SÃO PAULO. FOTO DE CERCA DE 1915.

GRUPO DE PROFESSORAS DA ESCOLA BÁSICA MUNICIPAL MACHADO DE ASSIS, DE BLUMENAU, SANTA CATARINA. FOTO DE 1967. NA ÉPOCA, ESSA ESCOLA ERA CHAMADA COLÉGIO MUNICIPAL MACHADO DE ASSIS.

APESAR DE TODAS ESSAS CONQUISTAS, AS MULHERES AINDA ENFRENTAM DIVERSAS DIFICULDADES. MUITAS DELAS RECEBEM SALÁRIOS MAIS BAIXOS QUE OS DOS HOMENS. ALÉM DISSO, É COMUM QUE AINDA TENHAM DE FAZER TODO O TRABALHO DE CASA.

3 AS MULHERES QUE FAZEM PARTE DO SEU DIA A DIA COSTUMAM TRABALHAR FORA DE CASA? COMO É O TRABALHO DELAS?

Crystal Eye Studio/Shutterstock.com/ID/BR

OS INY E AS BONECAS DE CERÂMICA

OS INY SÃO UM POVO INDÍGENA QUE VIVE NOS ESTADOS DE GOIÁS, MATO GROSSO, PARÁ E TOCANTINS.

AGORA, VOCÊ VAI CONHECER UM COSTUME DESSE POVO.

ENTRE CINCO E OITO ANOS DE IDADE, AS MENINAS INY RECEBEM DE SUAS AVÓS UM CONJUNTO DE BONECAS DE CERÂMICA, CHAMADAS DE **BONECAS KARAJÁS**.

CADA BONECA TEM UM SIGNIFICADO, REPRESENTANDO PESSOAS DA FAMÍLIA DA MENINA E ELA MESMA, EM VÁRIAS FASES DA VIDA. OBSERVE O ESQUEMA A SEGUIR.

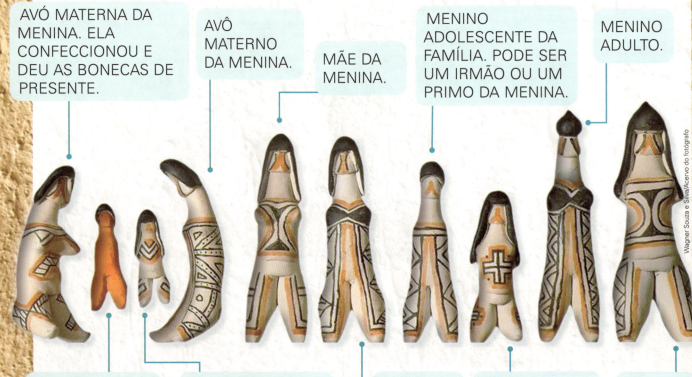

AVÓ MATERNA DA MENINA. ELA CONFECCIONOU E DEU AS BONECAS DE PRESENTE.

AVÔ MATERNO DA MENINA.

MÃE DA MENINA.

MENINO ADOLESCENTE DA FAMÍLIA. PODE SER UM IRMÃO OU UM PRIMO DA MENINA.

MENINO ADULTO.

CRIANÇA RECÉM-NASCIDA DA FAMÍLIA.

A MENINA, QUANDO GANHOU AS BONECAS.

PAI DA MENINA.

MENINA ADOLESCENTE.

MENINA ADULTA.

Wagner Souza e Silva/Acervo do fotógrafo

FONTE DE PESQUISA: SANDRA MARIA CHRISTIANI DE LA TORRE LACERDA CAMPOS. *BONECAS KARAJÁ*: MODELANDO INOVAÇÕES, TRANSMITINDO TRADIÇÕES. 2007. 154 P. TESE (DOUTORADO EM CIÊNCIAS SOCIAIS) – PONTIFÍCIA UNIVERSIDADE CATÓLICA DE SÃO PAULO, SÃO PAULO.

G. Evangelista/Opção Brasil Imagens

AS BONECAS SÃO FEITAS DE CERÂMICA. O BARRO É MODELADO À MÃO PELAS AVÓS E, DEPOIS, COZIDO. NA FOTO, BONECAS KARAJÁS REPRESENTANDO AS MÃES DE UMA ALDEIA INY NO MATO GROSSO, 2013.

Rosa Gauditano/StudioR

MENINAS INY DE ALDEIA NO TOCANTINS, 2013. OS DESENHOS NOS COLARES DELAS SÃO PARTE DA CULTURA DOS INY. ELES TAMBÉM FAZEM DESENHOS EM OUTRAS VESTIMENTAS E NO CORPO. POR ISSO, AS BONECAS TÊM O CORPO PINTADO. CADA DESENHO TEM UM SIGNIFICADO DIFERENTE.

1 EM SUA OPINIÃO, AS BONECAS KARAJÁS PODEM AJUDAR A CONTAR A HISTÓRIA DE UMA FAMÍLIA INY? POR QUÊ?

2 IMAGINE QUE VOCÊ VAI CONFECCIONAR DOIS BONECOS: UM QUE REPRESENTA VOCÊ RECÉM-NASCIDO E OUTRO QUE REPRESENTA VOCÊ JÁ ADULTO. COMO VOCÊ IMAGINA ESSES BONECOS? COM A ORIENTAÇÃO DO PROFESSOR, USE ARGILA OU MASSA DE MODELAR PARA FAZER AS REPRESENTAÇÕES.

APRENDER SEMPRE

1 OBSERVE AS FOTOS DAS COMIDAS ABAIXO. VOCÊ GOSTA DE ALGUMA DELAS? SABE QUAL É A ORIGEM DELAS? DESEMBARALHE AS LETRAS DA PALAVRA DESTACADA EM CADA FRASE. DEPOIS, ESCREVA ESSA PALAVRA CORRETAMENTE.

A

ESFIRRA FECHADA.

B

FAROFA FEITA COM FARINHA DE MANDIOCA.

C

MACARRONADA.

A. A ESFIRRA É DE ORIGEM **RABEÁ**. _____

B. A FARINHA DE MANDIOCA É DE ORIGEM

DÍNAGEIN. _____

C. A MACARRONADA É DE ORIGEM **ATILANIA**. _____

2 OBSERVE A ILUSTRAÇÃO E RESPONDA ÀS QUESTÕES.

A. O QUE AS CRIANÇAS ESTÃO FAZENDO?

_____

_____

_____

B. QUAL É A ORIGEM DESSA ATIVIDADE? MARQUE COM UM **X**.

☐ ITALIANA   ☐ BRASILEIRA   ☐ JAPONESA

3 LEIA O TEXTO E RESPONDA ÀS QUESTÕES.

[...] MUITAS CRIANÇAS TÊM BISAVÓS, AVÓS E ATÉ MESMO PAIS QUE VIERAM DE OUTRAS PARTES DO MUNDO. TEM GENTE DE PORTUGAL, DA ESPANHA, DO JAPÃO, DO LÍBANO, DA ÁFRICA, DA ITÁLIA, DA ALEMANHA, DA COREIA E DE VÁRIOS OUTROS LUGARES. COM ESSA GRANDE MISTURA, TEM CRIANÇA COM UM AVÔ PORTUGUÊS E UMA AVÓ ALEMÃ. OUTRA QUE É FILHA DE MÃE JAPONESA E PAI LIBANÊS.

ANA BUSCH E CAIO VILELA. *UM MUNDO DE CRIANÇAS*. SÃO PAULO: PANDA BOOKS, 2007. P. 62.

A. DO QUE O TEXTO TRATA?

B. NO MUNICÍPIO ONDE SUA ESCOLA ESTÁ LOCALIZADA, HÁ INFLUÊNCIAS CULTURAIS DE OUTROS POVOS? EM UM PASSEIO COM O PROFESSOR, OBSERVE O ENTORNO DA ESCOLA EM BUSCA DESSAS INFLUÊNCIAS. DE VOLTA À SALA DE AULA, VOCÊ E OS COLEGAS VÃO COMPARTILHAR AS DESCOBERTAS QUE FIZERAM.

4 CADA POVO TEM COSTUMES, HÁBITOS, FESTAS E IDIOMAS PRÓPRIOS.

A. COMO DEVEMOS NOS COMPORTAR EM RELAÇÃO ÀS DIFERENÇAS DE COSTUMES DE CADA POVO?

B. COMO VOCÊ ESPERA QUE AS PESSOAS SE COMPORTEM EM RELAÇÃO A ALGUM COSTUME SEU E DE SUA FAMÍLIA?

As famílias moram em um lugar, que pode ser chamado de casa, moradia ou lar. Esse lugar também pode ajudar a contar a história de uma pessoa, uma família e uma comunidade.

Às vezes, as famílias mudam de casa e mudam também de vizinhança. Isso faz parte da história delas. O poema a seguir é sobre isso. Leia-o.

Mudar de casa
é coisa
muito complicada,
porque uma casa
não cabe
em outra casa:
sempre fica faltando,
sempre fica sobrando.
[...]

Na casa nova o caminhão
despeja
mesas, cadeiras, lembranças,

e a casa vai criando asas,
criando vida,
já se pode forrar o teto
de sonhos.

Roseana Murray. Mudança. Em: *Casas*. São Paulo: Formato Editorial, 2009. p. 13.

▶ Em casa, passamos muitos momentos de nossa vida e vários deles ficam registrados na memória. Lembre-se de um momento muito feliz que você viveu no lugar onde mora e conte-o para os colegas.

▶ Alguma vez você teve de se mudar de casa? Em caso afirmativo, você e sua família se mudaram para um lugar perto ou para um lugar distante da antiga moradia?

▶ Você conhece as famílias que moram perto de sua casa? Você costuma conviver com elas? Explique.

A vizinhança

Várias moradias habitadas por diferentes famílias formam uma vizinhança. Os vizinhos são aquelas pessoas que moram próximas, na mesma rua, no mesmo quarteirão, na mesma vila, no mesmo bairro...

Observe a vizinhança representada na pintura abaixo.

Helena Coelho. *A feira dos pescadores*, 2013. Óleo sobre tela.

1 **Marque com um X as frases corretas sobre a vizinhança representada nessa imagem.**

☐ Essa vizinhança é formada por famílias que moram em uma praia.

☐ Essa vizinhança é formada apenas por crianças.

☐ Essa vizinhança é formada por famílias variadas.

2 **Em uma folha avulsa, faça um desenho para mostrar como é sua vizinhança. Lembre-se de anotar seu nome na folha. Afixe sua obra de arte no mural da sala de aula.**

a. Quais são as diferenças e as semelhanças entre sua vizinhança e a vizinhança retratada na pintura de Helena Coelho?

b. Observe, nos desenhos dos colegas, as vizinhanças retratadas. Elas são parecidas ou são diferentes da sua? Por quê?

Tipos de moradia

Assim como há diversos tipos de família, há também diferentes tipos de moradia. Observe as fotos a seguir.

Há casas que são construídas à beira de rios sobre estacas de madeira. Elas são chamadas de palafitas. Na foto, palafitas em Barcarena, Pará, 2015.

Há casas que possuem um andar superior. Elas são chamadas de sobrados. Na foto, conjunto de sobrados em Porto Alegre, Rio Grande do Sul, 2016.

Nos prédios, geralmente, moram muitas famílias. Elas vivem em apartamentos. Na foto, conjunto de prédios residenciais em Lagoa Santa, Minas Gerais, 2015.

No campo, onde há sítios e fazendas, é comum que as casas sejam afastadas umas das outras. Na foto, casa térrea em Aparecida do Rio Doce, Goiás, 2016.

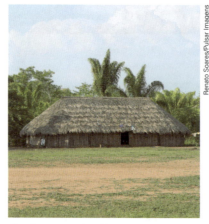

Cada povo indígena tem um jeito de construir casas e de habitá-las. Na foto, moradia do povo Ikpeng, da aldeia Araió, no município de Feliz Natal, Mato Grosso, 2016.

Há locais onde as casas são feitas de madeira e de barro, uma técnica de construção chamada pau a pique. Na foto, casa de pau a pique em Amarante, Piauí, 2014.

1 Há alguma moradia das fotos que é parecida com a sua? Em caso afirmativo, qual?

2 Em sua opinião, o lugar onde a moradia da primeira foto foi construída influenciou o formato dela e os materiais utilizados? Explique.

Moradias do passado

No Brasil, alguns tipos de moradia foram se transformando ao longo do tempo. Outros passaram por poucas mudanças.

O texto a seguir trata das moradias brasileiras de cerca de trezentos anos atrás. Leia-o.

[...] A forma como moramos também é capaz de indicar as transformações que nossa sociedade sofreu ao longo do tempo. [...]

Por exemplo: na região de Campos dos Goytacazes, que fica no estado do Rio de Janeiro, a vida era muito rústica [...]. Mesmo as famílias mais ricas viviam com poucos objetos em casas simples e pequenas, [...], feitas com tábuas [...] de madeira entrelaçadas, amarradas com cipó [...] e cobertas por telhas ou palha.

[...]

Rústico: simples.

Coleção particular. Fotografia: ID/BR

Johann Moritz Rugendas. *Campos*, cerca de 1828. Gravura. Ao centro, está representada uma das primeiras construções do povoado de Campos de Goytacazes.

Hans von Manteuffel/Pulsar Imagens

Em cidades como Salvador, na Bahia, a realidade era diferente: [...] havia casarões [...] e sobrados com muitos cômodos, que incluíam sala de jantar, sala de festas, capela, cozinha, despensa [...].

Muitos dos casarões construídos há mais de trezentos anos ainda podem ser vistos em Salvador, Bahia. Foto de 2014.

Keila Grinberg. O que nos contam as moradias. *Ciência Hoje das Crianças*, 5 fev. 2013. Disponível em: <http://chc.cienciahoje.uol.com.br/o-que-nos-contam-as-moradias/>. Acesso em: 30 jan. 2017.

3 De acordo com o texto, as primeiras moradias de Campos dos Goytacazes foram feitas com qual tipo de técnica ainda usada atualmente?

4 No município onde você mora, há construções antigas como as de Salvador, na Bahia? Como elas são?

O endereço

Para localizar uma moradia nas cidades, utilizamos o endereço: nome da rua, número da casa, nome do bairro, nome do município... Mas será que sempre foi assim?

No Brasil, há pouco mais de cem anos, muitas ruas eram conhecidas pelo nome de um morador ou de um lugar importante. Por exemplo, a "rua do João", a "rua do Colégio", entre outros.

As construções não eram identificadas por números. A localização era feita por uma referência, como "fica em frente da padaria" ou "está perto do correio".

Com o crescimento da **população**, os governos municipais começaram a identificar as ruas por nomes e as construções por números.

> **População:** conjunto de pessoas que vivem em um lugar.

O nome dado a ruas, praças e avenidas pode homenagear pessoas, acontecimentos históricos, países, povos indígenas, profissões, etc.

Placa da rua Clara Nunes, no bairro de Madureira, no município do Rio de Janeiro. Foto de 2017.

1 Observe a placa retratada na foto acima e responda: Quem foi a pessoa homenageada nessa placa de rua?

2 Na parte branca da placa, há uma sequência de números à esquerda do nome do bairro. Esses números formam o código de endereçamento postal (CEP). Ele está em vigor desde maio de 1971 e é usado por serviços, como o dos correios, para identificar uma rua. Depois, escreva seu endereço completo, incluindo o CEP.

Envelopes de correspondências

ACESSE O RECURSO DIGITAL

Durante muito tempo, a comunicação entre as pessoas que estavam distantes umas das outras ocorria por meio de cartas. Dependendo da distância, as cartas demoravam semanas e até meses para chegar.

Você sabe o que é necessário para enviar uma carta?

No envelope da carta, devem aparecer algumas informações básicas: o nome da pessoa que a receberá (destinatário) e o endereço dela – rua, número da casa, bairro (se houver), município, estado e CEP.

Também é preciso informar o nome e o endereço de quem está enviando a carta (remetente), comprar e colar o selo postal e levar a carta a um dos postos de atendimento ou caixa de coleta dos correios.

Por conta de todas essas informações, com o passar do tempo as cartas se tornaram importantes documentos históricos. Nelas, podemos encontrar pistas para conhecer a história das pessoas e dos lugares.

Envelope postal utilizado no Brasil em 1949. Nessa época, ainda não existia o CEP.

1 Localize no envelope acima as seguintes informações:

a. Nome da pessoa que receberá a carta.

_____

b. Endereço completo do destinatário.

_____

c. Data de envio da carta.

_____

1 Completem as frases abaixo com os nomes das moradias a seguir. Dicas: Observem as ilustrações para completar as frases corretamente. Há palavras que não serão utilizadas.

| sítio | palafita | prédio | sobrado | casa térrea | apartamento |

a. Ana e a família moram em um _____.

No _____, há uma área de recreação onde todas as crianças que moram lá podem brincar.

b. A família de Fernando mora em um _____.
Há pomares, hortas e um riacho perto da casa dele.

c. Júlia e Pedro moram com o pai em um _____.
Na rua onde eles moram, há outras casas desse tipo.

2 Você conhece seus vizinhos? Costuma conviver com eles? Marque com um **X** as atividades que você realiza ou gostaria de realizar com eles.

☐ Estudar.

☐ Brincar.

☐ Tomar lanche.

☐ Passear com o cachorro.

☐ Ler um livro.

☐ Ouvir músicas.

☐ Ver um filme.

☐ Contar piadas.

Saber Ser

3 Leia o texto a seguir sobre o direito à moradia. Depois, responda às questões.

A moradia adequada foi reconhecida como direito humano em 1948, com a Declaração Universal dos Direitos Humanos, [...] como um dos direitos fundamentais para a vida das pessoas. [...]

O direito à moradia [...] [não] se resume a apenas um teto e quatro paredes, mas ao direito de toda pessoa ter acesso a um lar e a uma comunidade seguros para viver em paz [...].

Moradia improvisada sob viaduto no município de São Paulo. Foto de 2017.

Marcelo D. Sants/FramePhoto/Folhapress

O que é direito à moradia? Em: Moradia é um direito humano. Relatoria Especial do Conselho de Direitos Humanos da ONU para o Direito à Moradia Adequada. Disponível em: <http://www. direitoamoradia.fau.usp.br/?page_id=46&lang=pt>. Acesso em: 22 set. 2017.

a. Em sua opinião, por que o direito à moradia é importante?

b. Para você, o que significa viver em uma comunidade segura e em paz?

c. A moradia retratada na foto parece adequada? Por quê?

d. Em sua opinião, o que uma moradia adequada deve ter?

Convivendo com a vizinhança

Observe a cena abaixo. Ela mostra parte da vizinhança de um bairro.

Ilustra Cartoon/ID/BR

▶ Há alguma semelhança ou alguma diferença entre a vizinhança dessa cena e a do lugar onde você mora? Em caso afirmativo quais são?

▶ Há algum morador que está desrespeitando os vizinhos? Em caso afirmativo, responda: O que ele está fazendo?

▶ Há algum morador que está realizando uma atividade que beneficia os vizinhos? Em caso afirmativo, quem é esse morador? O que ele está fazendo?

▶ Em sua opinião, como é uma boa vizinhança? Que características ela precisa apresentar para que todos os moradores possam ter qualidade de vida?

Cada vizinhança é de um jeito

Muitas vizinhanças estão organizadas em bairros.

Nos bairros, podemos encontrar casas, escolas, igrejas, hospitais, bancos, farmácias, padarias, mercados, lojas, fábricas, restaurantes, sorveterias e muitos outros elementos.

Mas todos os bairros são iguais? E em todos eles encontramos tudo isso? Veja as fotos a seguir.

1 Observe novamente as fotos e leia as frases a seguir. Depois, escreva a letra de cada foto ao lado da frase correspondente.

☐ Lojas em uma rua de Belém, Pará, 2015.

☐ Moradias em rua arborizada de Teresina, Piauí, 2015.

☐ Rua com praça em Nova Pádua, Rio Grande do Sul, 2015.

☐ Moradia no campo em Inconfidentes, Minas Gerais, 2016.

Conhecendo os vizinhos

Quando se vive algum tempo em um bairro, é comum conhecer alguns vizinhos. E também é comum conhecer pessoas que nos atendem nos lugares que frequentamos. São pessoas com quem convivemos no dia a dia.

Mas será que é sempre assim? Leia a reportagem abaixo.

Claudete [...] Bezerra [...] rega plantas, alimenta o cachorro, acende as luzes da casa e deixa o ar entrar. Até aí a história é comum [...], a não ser pelo fato de que a casa em questão não é a dela [...]. Essa rotina torna-se comum toda vez que Íris, vizinha de Claudete, sai para viajar. E quando a família Bezerra sai da cidade, é a hora de Íris cuidar da casa da amiga.

[...]

Manter um relacionamento **amistoso** na vizinhança já não é tão comum como há alguns anos. [...] [Hoje] no processo de [...] crescimento das cidades, os **vínculos** entre moradores se perderam [...], [o que] fez com que a população se afastasse [...].

Amistoso: de amizade.
Vínculo: laço.

Vista do centro de Curitiba, Paraná. Foto de 2016.

Angélica Favretto. Amizade entre vizinhos traz segurança ao bairro. *Gazeta do Povo*, 11 mar. 2012. Disponível em: <http://www.gazetadopovo.com.br/especiais/paz-tem-voz/amizade-entre-vizinhos-traz-seguranca-ao-bairro-7p77c73clvhnc5hnxbk70wymm>. Acesso em: 20 mar. 2017.

2 De que forma as famílias de Claudete e de Íris se ajudam? Em sua vizinhança, a cooperação entre os vizinhos é comum?

3 Segundo o texto, que transformação no vínculo entre os vizinhos ocorreu ao longo do tempo? Explique.

Saber Ser

4 Em sua opinião, é importante conhecer os vizinhos? Por quê?

Serviços públicos: ontem e hoje

ACESSE O RECURSO DIGITAL

É importante que a vizinhança tenha energia elétrica, água encanada, **rede de esgoto**, coleta de lixo, serviços de correio e segurança, etc. Mas será que esses serviços sempre existiram?

Serviços públicos no passado

Há pouco mais de cem anos, na maioria dos municípios do Brasil, poucas ruas eram **pavimentadas** e não havia água encanada, rede de esgoto ou distribuição de energia elétrica. Além disso, o transporte público ficava concentrado no centro das cidades.

Rede de esgoto: sistema de canos que leva a água usada das casas e dos prédios até um mar, lago ou rio. Antes de descartar o esgoto, ele deve ser tratado para não poluir as águas. Porém, em muitos lugares do Brasil, isso ainda não acontece e o esgoto é despejado sem tratamento.
Pavimentado: que tem algum revestimento, por exemplo, asfalto.

1 Observe as imagens a seguir e responda às questões.

Henry Chamberlain. *Pretos de ganho*, cerca de 1820. Gravura. Para ter água em casa, era necessário buscá-la nas fontes conhecidas como chafarizes. Geralmente, esse trabalho era realizado por escravizados, que utilizavam grandes barris, chamados de pipas, para transportar a água pela cidade.

Antigamente, os lampiões eram as fontes de iluminação pública no Brasil. Eles eram acesos e apagados, um a um, pelo acendedor de lampiões. Foto de cerca de 1900.

a. Quais serviços públicos estão representados nelas?

b. Como esses serviços eram realizados

Serviços públicos no presente

Atualmente, muitas vizinhanças brasileiras contam com importantes serviços públicos, como iluminação pública, distribuição de água encanada e de luz elétrica, rede de esgoto, postos de saúde, escolas públicas, etc.

Além desses serviços, há algumas inovações, como a **coleta seletiva de lixo**. Porém, essa não é a realidade de todos os municípios do Brasil.

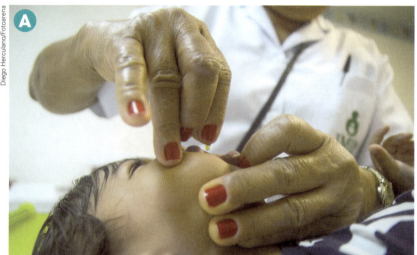

Coleta seletiva de lixo: serviço de coleta de lixo em que os materiais que jogamos fora são recolhidos separadamente, de acordo com o tipo, para serem reciclados.
Despejar: jogar o lixo.

Vacinação de criança em posto de saúde do Recife, Pernambuco. Foto de 2015. O sistema público de saúde oferece atendimento para crianças, jovens, adultos e idosos.

Trabalhadores separando materiais recicláveis em São José dos Campos, São Paulo. Foto de 2015. A coleta seletiva de lixo é muito importante para preservar o meio ambiente, pois diminui a quantidade de lixo **despejada** nos aterros.

2 Sobre os serviços mostrados nas fotos **A** e **B**, pesquise: No município onde você mora, onde é possível ter acesso a esses serviços? Que profissionais trabalham nessas atividades?

3 Em sua opinião, por que esses serviços são importantes?

Saber Ser

Vizinhança organizada

Nem sempre existem na vizinhança todos os serviços de que a população precisa. As fotos abaixo mostram alguns problemas que a falta de manutenção das vias públicas pode trazer para a população.

Alagamento no município de Jataizinho, Paraná. Foto de 2016.

Brinquedos quebrados em praça do município de São Paulo. Foto de 2017.

Em vários lugares do Brasil há vizinhanças que se organizam para resolver problemas locais. Geralmente, isso acontece quando o governo demora para apresentar soluções. Leia um exemplo a seguir.

Moradores do bairro Maracangalha, em Belém [no Pará], transformam espaço abandonado [...] em praça com área de lazer para vizinhança. [...]

[...] Uma das idealizadoras do espaço, Nazaré Brasil, conta que cada morador colaborou para [...] fazer a calçada e reunir garrafas plásticas e pneus.

O local, que antes só tinha lixo e entulho, atualmente está limpo e sinalizado para que não seja mais espaço de despejo irregular.

Praça criada pelos moradores do bairro Maracangalha, em Belém, Pará. Foto de 2017.

Moradores transformam espaço abandonado em praça, em Belém. *G1 Pará*, 3 jan. 2016. Disponível em: <http://g1.globo.com/pa/para/noticia/2016/01/moradores-transformam-espaco-abandonado-em-praca-em-belem.html>. Acesso em: 1º fev. 2017.

4 Sua vizinhança já se organizou para resolver um problema em comum? Em caso afirmativo, conte como foi.

Saber Ser

Pintura e foto: Vila Rica e Ouro Preto

Como você já estudou, as legendas ajudam a compreender melhor as imagens que observamos. Elas apresentam, por exemplo, informações sobre o local retratado.

Observe a imagem abaixo e leia a legenda.

Museu da Inconfidência, Ouro Preto. Fotografia: ID/BR

Arnaud Julien Pallière. Detalhe de *Vista de Vila Rica*, de cerca de 1820. Óleo sobre tela.

A pintura mostra parte da vizinhança de Vila Rica há cerca de duzentos anos. Essa vila deu origem ao atual município de Ouro Preto, em Minas Gerais.

Agora é a sua vez

1 Em 1820, que tipos de construção havia na vizinhança de Vila Rica? Marque com um **X**.

☐ igrejas   ☐ supermercados

☐ sobrados   ☐ casas térreas

☐ prédios com apartamentos ☐ palafitas

2 Pinte as informações da legenda da imagem da página 82 com as seguintes cores:

 Nome do autor

Data em que foi feita

Título da obra

Técnica de pintura

■ Por qual informação da legenda é possível saber que a imagem retrata Vila Rica?

3 Observe a foto abaixo e leia a legenda.

Marcos André/Opção Brasil Imagens

Vista de Ouro Preto, Minas Gerais. Foto de 2015.

a. Que local é retratado na imagem?

_____

b. Qual é a técnica usada nessa imagem? Contorne o quadro com o nome da técnica correta.

Pintura   Foto   Gravura

c. Em sua opinião, que semelhanças e diferenças há entre a pintura de 1820 e a foto de 2015? Qual das duas técnicas você prefere? Por quê?

Aprender sempre

ACESSE O
RECURSO
DIGITAL

1 Leiam a tira abaixo e respondam às questões.

Alexandre Beck. *Armandinho Três*. Curitiba: Arte & Letras, 2014. p. 6.

a. O que Armandinho está fazendo? Na opinião de vocês, essa atitude pode incomodar os vizinhos? Por quê?

b. Imaginem que vocês são vizinhos de Armandinho. O que vocês fariam nessa situação?

2 Carlitos, Camila e Alex moram em uma vizinhança onde há um terreno abandonado em que é jogado muito lixo. Leia a história deles a seguir.

> O tempo passou e o [...] terreno foi ficando cheio de lixo [...].
> Carlitos, Camila e Alex não se conformaram. Lá de cima, olhavam pro terreno [...] e pensavam numa solução. Uma tarde, Carlitos disse:
> – Será que nós mesmos não podemos fazer um parque?
> – Você tá louco! Isso é muito difícil!
> – Mas se todos ajudarem, talvez...
> Era uma ideia louca. [...] As crianças a contaram aos seus amigos, aos seus irmãos mais velhos e às suas mães [...].
> Com o tempo, mais e mais pessoas falavam no assunto.

Kurusa. *A rua é livre*. Ilustrações de Monika Doppert. São Paulo: Callis, 2002. p. 41 e 43.

a. Qual foi a solução sugerida por Carlitos para resolver o problema do terreno abandonado?

b. Em sua opinião, essa solução seria boa para a vizinhança? Por quê?

c. Como você acha que essa história termina? Com a orientação do professor, você e os colegas vão criar um final feliz para ela.

3 Em muitas vizinhanças, há pessoas que enfrentam dificuldades para circular pelos espaços. Observe as imagens abaixo e ligue a necessidade de cada pessoa a uma solução.

   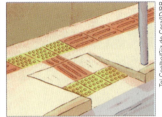

Rampa.   Sinalizador sonoro.   Botões com números em braile.   Guia rebaixada.

4 Forme grupo com dois colegas. Vocês vão descobrir se há problemas que afetam o meio ambiente na vizinhança de vocês. Depois, busquem ações e serviços que podem ser realizados para que os problemas sejam resolvidos.

■ Perguntem às pessoas mais velhas das famílias de vocês se elas reconhecem problemas desse tipo. Busquem também informações em jornais e revistas do município.

■ Escolham uma das questões ambientais identificadas e, com a orientação do professor, pesquisem as seguintes informações: onde ela ocorre, quais são seus impactos no meio ambiente, quais profissionais poderiam trabalhar para solucioná-la e como a população poderia contribuir para resolvê-la.

■ Registrem essas informações no caderno. Em uma data combinada pelo professor, vocês vão compartilhar os resultados da pesquisa com os colegas e ouvir os problemas ambientais e as soluções pesquisadas pelos outros grupos.

ACESSE O
RECURSO
DIGITAL

Como você estudou, muitas vizinhanças estão organizadas em bairros. E os bairros têm história.

Observe as duas imagens abaixo.

A

Coreto na praça da Liberdade, em Belo Horizonte, Minas Gerais. Cartão-postal de 1969.

B

O mesmo local em foto de 2016.

▶ Que local foi representado nas imagens?

▶ Quando cada imagem foi feita? Qual é a mais recente?

▶ Que elemento foi preservado nesse local?

▶ Em sua vizinhança, há algum elemento antigo como esse? Em caso afirmativo, qual?

Como surgem os bairros

Cada bairro tem sua história. E essa história, muitas vezes, está associada ao nome do bairro.

Há mais de duzentos anos, na praça principal de algumas vilas e cidades, havia uma coluna de madeira ou de pedra chamada pelourinho. Nela, avisos eram afixados e trabalhadores escravizados eram castigados.

Na Bahia, por exemplo, o pelourinho deu origem ao nome de um bairro localizado no centro antigo de Salvador.

Pelourinho, em Salvador, Bahia. Foto de cerca de 1860.

O mesmo local em foto de 2015.

1 Pinte de **vermelho** os quadrinhos referentes aos elementos que aparecem somente na foto **B**. Pinte de **amarelo** os quadrinhos referentes aos elementos que aparecem nas fotos **A** e **B**.

☐ placas de comércio   ☐ sobrados

☐ automóveis   ☐ lixeira

☐ igrejas   ☐ rua

A história de um bairro

Você conheceu a história da origem do bairro de Pelourinho. Agora, você vai saber como surgiu o bairro do Recife, no município que tem o mesmo nome, em Pernambuco. Esse bairro surgiu ao redor de um porto criado pelos portugueses assim que eles chegaram à região, há cerca de quinhentos anos.

Quando Pernambuco foi ocupado pelos holandeses, em 1630, foram construídos, no bairro do Recife, armazéns, pontes que integravam os territórios e uma **sinagoga**.

Sinagoga: templo em que judeus se reúnem para praticar seus cultos religiosos.

Porém, ao longo dos últimos cento e vinte anos, o porto do Recife foi perdendo importância e o bairro empobreceu. Em 1994, o governo investiu na reforma dos prédios antigos e estimulou a abertura de lojas e restaurantes. Algumas empresas também se instalaram nessa região. Hoje, o bairro conhecido como Recife Antigo é um dos mais famosos do município.

Vista aérea do bairro do Recife, no Recife, Pernambuco. Foto de 2015.

Hans Von Manteuffel/Pulsar Imagens

2 Em 1994, a região do porto do Recife passou por um processo de **revitalização**, ou seja, de recuperação de áreas que estavam abandonadas e malcuidadas. Você conhece algum bairro que está malcuidado? O que seria necessário fazer para recuperá-lo?

Saber
Ser

Os bairros se transformam

Em alguns bairros, as mudanças ocorrem mais rapidamente. Em outros, as mudanças podem ser lentas, difíceis de serem notadas.

Nos dois casos, as transformações podem ser percebidas na paisagem, nos costumes das pessoas e no ritmo de vida delas.

As imagens abaixo mostram, em dois momentos diferentes, a praça dos Martírios, localizada no centro de Maceió, Alagoas. Observe-as.

Praça dos Martírios, em Maceió, Alagoas. À direita, a igreja Senhor do Bom Jesus dos Martírios. Foto de 1909.

O mesmo local em foto de 2017.

1 Qual é a foto mais recente?

2 Compare as duas imagens. Em sua opinião, ocorreram muitas mudanças ou poucas mudanças nesse lugar?

Preservação do passado

Há bairros que são o núcleo de origem de algumas cidades. Neles, surgiram as primeiras construções e as primeiras ruas e se instalaram os primeiros moradores do local.

Nesses bairros, as construções antigas que ainda existem são registros da história. Essas construções podem fazer parte do **patrimônio histórico**, ou seja, do conjunto de bens que, por seu valor histórico, devem ser preservados e protegidos. Quando um bem é oficialmente reconhecido como parte de um patrimônio, é comum dizer que ele foi **tombado**.

O município de Paraty, no Rio de Janeiro, preserva muitas construções antigas. Seus conjuntos de construções começaram a ser tombados em 1958. Foto de 2015.

3 Você considera importante a preservação de construções antigas, como as registradas na foto acima? Por quê?

4 Pesquisem em publicações impressas ou digitais a origem do bairro mais próximo de vocês e procurem saber quais são as construções históricas que existem noooo bairro. Anotem as informações no caderno.

Objetos e memória

Além das construções, objetos, como pinturas, fotos, esculturas, mapas e móveis, ajudam a contar a história de uma vizinhança, de um município e até de um país.

Vários desses documentos históricos podem ser encontrados em **museus**. Neles, os documentos são conservados, estudados e expostos.

As fotos abaixo retratam alguns desses objetos.

Cômoda de cerca de duzentos anos atrás.

Museu da Inconfidência, Ouro Preto. Fotografia: Romulo Fialdini/Tempo Composto

Ferros de passar roupa, de cerca de 1850.

Museu Paulista da Universidade de São Paulo, São Paulo. Fotografia: Romulo Fialdini/Tempo Composto

Bilhete de Ingresso

INTRANSFERIVEL

Baile na Ilha Fiscal offerecido á officialidade do Encouraçado Chileno Almirante Cochrane pelo Presidente do Conselho de Ministros, Visconde de Ouro Preto Illm. e Snr. Condessa de Lages

Rio de Janeiro, 19 de Out. de 1889

Coleção particular. Fac-símile: ID/BR

Ingresso para um baile em 1889.

Luigi Stallone. Detalhe de *Largo do paço*, 1865. Óleo sobre tela. A obra representa uma parte do município do Rio de Janeiro no passado.

Museu do Primeiro Reinado, Rio de Janeiro. Fotografia: ID/BR

5 Você já visitou um museu? Como foi a experiência?

6 Escolha uma das imagens acima e descreva-a para um colega. Ele deve adivinhar a imagem que você escolheu. Depois, você vai adivinhar a imagem escolhida por ele.

A vizinhança do bairro das Graças e o Jardim do Baobá

Em sua vizinhança, há espaços de lazer, isto é, áreas onde a comunidade pode se divertir, como parques e praças?

Em 2016, a vizinhança do bairro das Graças, no Recife, Pernambuco, conquistou um importante espaço desse tipo. Trata-se do Jardim do **Baobá**, um parque que fica às margens do rio Capibaribe.

Ele recebeu esse nome por causa do baobá que está no local há mais de cem anos. A árvore é tão importante para o município do Recife que foi tombada como patrimônio em 1988.

O Jardim do Baobá possui mesas para piqueniques coletivos e oferece passeios de barco pelo rio Capibaribe, além de contar com muitos espaços para as famílias se divertirem em contato com a natureza.

Baobá: árvore gigantesca, de tronco grosso e de origem africana. Em muitos países da África, ela é considerada sagrada. Entre alguns povos africanos, era costume se reunir debaixo de um baobá para contar histórias. No Recife, há outros doze baobás tombados. De acordo com o calendário municipal, em 19 de junho comemora-se o Dia do Baobá.

Em vários pontos do parque há mesas que ficam à sombra das árvores do Jardim do Baobá. Muitas famílias aproveitam para compartilhar refeições e se divertir. Foto de 2016.

Nos fins de semana, as pessoas que visitam o Jardim do Baobá podem passear de barco pelo rio Capibaribe. Foto de 2016.

Baobá do bairro das Graças, no Recife, Pernambuco. Foto de 2016. A árvore tem 15 metros de altura e suas folhas e galhos projetam no chão uma sombra de até 10 metros.

1 No município onde você mora, há árvores antigas que são importantes para a comunidade? Em caso afirmativo, você sabe o nome delas?

2 Em sua opinião, qual é a importância de preservar as árvores da vizinhança, do ponto de vista ambiental?

Saber Ser

3 Que outros espaços de lazer uma vizinhança pode ter? Quais desses espaços você conhece?

Aprender sempre

ACESSE O
RECURSO
DIGITAL

1 As imagens abaixo mostram o centro de Porto Alegre, no Rio Grande do Sul, em diferentes épocas. Compare-as e responda:

a. O que se manteve nas três imagens?

_____

_____

_____

_____

_____

_____

Cartão-postal de 1903.

b. Na foto **C**, o que representa o passado? E o presente?

_____

_____

_____

_____

_____

_____

Cartão-postal de 1910.

Foto de 2015.

2 Agora, você e os colegas vão refletir sobre patrimônio histórico.

Saber
Ser

a. O que aconteceu com o prédio principal que aparece nas fotos de Porto Alegre?

b. Em sua opinião, quais são as consequências da falta de preservação de construções e objetos antigos para o estudo da história dos municípios?

3 Leia a tira da personagem Armandinho.

ESSE PRÉDIO ANTIGO DA PREFEITURA VAI SER TOMBADO!

MAS QUE PENA...

ELE É TÃO BONITO...

Alexandre Beck 2317/17
Alexandre Beck/Acervo do cartunista

Alexandre Beck. Armandinho. *Diário Catarinense*, 9 jan. 2017.

■ Nessa tira, Armandinho não entendeu corretamente o que significa "tombar" um prédio antigo. Como você explicaria isso a ele?

4 Você conhece as construções mais antigas do município onde mora? Quando elas foram construídas? Elas estão preservadas? Siga as etapas abaixo para descobrir.

■ Faça essas perguntas aos adultos que moram com você. Depois, realize uma pesquisa em jornais e revistas do município ou no *site* da prefeitura buscando informações sobre esse tema.

Ilustrações: Robson Araújo/ID/BR

■ Anote as informações no caderno.

■ Escolha a construção antiga de que você mais gostou. Destaque a ficha da página 133 e, no local indicado, cole uma imagem da construção que você escolheu. Pode ser um desenho, uma foto de jornal, etc. Na ficha, anote o nome dessa construção e a data aproximada de quando ela foi feita.

■ Em uma roda de conversa, mostre aos colegas a ficha que você produziu e compartilhe com eles as informações sobre a construção escolhida.

A comunidade escolar

As escolas estão presentes em muitas vizinhanças.

Os funcionários da escola, os estudantes, os professores e as famílias dos alunos fazem parte da comunidade escolar.

Observe a ilustração abaixo.

▷ Que integrantes da comunidade escolar estão representados nessa imagem? Onde eles estão? Você conhece um lugar como esse?

▷ Observe os objetos retratados na ilustração e responda: Essa escola existia há cem anos? Que objeto você indicaria para comprovar sua resposta?

▷ Nessa cena, há situações que não deveriam ocorrer. Quais são?

A escola é direito de todos

Todos os brasileiros e brasileiras, de qualquer parte do país, têm o direito de frequentar a escola. Esse direito é garantido no Brasil desde 1934, por meio da **Constituição**.

Atualmente, é dever do governo criar e manter escolas e garantir vagas para todas as crianças. E é responsabilidade dos adultos das famílias matricular as crianças nas escolas e enviá-las às aulas.

Constituição: principal conjunto de leis do país.

Estudante de uma escola do município de São Paulo chegando à escola. Note que a guia da calçada é rebaixada. Isso facilita a circulação da cadeira de rodas usada pelo estudante. Foto de 2014.

1 Em sua vizinhança, todas as crianças frequentam a escola? Em caso negativo, responda: Você conhece essas crianças que não vão à escola? Sabe por que elas não podem ir?

Saber Ser

2 Em sua opinião, por que é importante ir à escola? Escreva uma frase sobre isso. Depois, leia sua frase para a turma.

As primeiras escolas

Será que as escolas sempre foram do modo como são atualmente?

Há cerca de 2 500 anos já havia escolas entre os gregos antigos.

Esse povo surgiu na Europa, em áreas ao redor do mar Mediterrâneo. Com o passar do tempo, os gregos expandiram seus territórios e influenciaram diversas culturas, como a portuguesa, que, tempos depois, influenciou a cultura brasileira.

Nas escolas da Grécia Antiga, a idade dos alunos variava e havia adultos também. Os estudantes aprendiam a ler e a escrever, a calcular e a falar em público. O estudo de música e a prática de esportes também faziam parte das atividades na escola.

Pintura em vaso grego antigo, feita há quase 2 500 anos.

Museu de Staatliche, Berlim, Alemanha. Fotografia: Heritage/Glowimages

1 **Observe o vaso retratado na foto acima. Depois, responda:**

a. Esse vaso é novo ou é antigo? Quando ele foi feito?

b. A pintura do vaso mostra uma cena escolar. Que pistas dessa imagem você usaria para comprovar essa frase?

c. Em sua opinião, o que está sendo ensinado na cena retratada?

Quem eram os alunos

Durante séculos, em muitos lugares do mundo, só famílias muito ricas conseguiam dar educação escolar às crianças. Apenas os meninos estudavam. Crianças pobres trabalhavam e não iam à escola.

No Brasil, não foi diferente. Somente os filhos de famílias ricas estudavam. Poucas pessoas eram alfabetizadas. A partir dos anos 1930, o ensino **gratuito** tornou-se **obrigatório**. Ainda assim, poucas crianças pobres frequentavam as escolas.

Gratuito: que não requer pagamento.
Obrigatório: imposto por lei.

Meninos jornaleiros no Rio de Janeiro. Foto de cerca de 1899.

Crianças e adolescentes voltando do trabalho em Sorocaba, São Paulo. Foto de 1952.

2 **Observem as fotos acima e respondam:**

a. Quem são os trabalhadores? Marquem com um **X**.

☐ adultos e idosos   ☐ crianças e adolescentes

b. De quando é a foto **A**? E a foto **B**?

c. A foto de 1952 mostra que o direito à educação gratuita, assegurado em 1930, foi respeitado? Expliquem.

 Arquivo Público do Estado
Disponível em: < http://www.arquivoestado.sp.gov.br/educacao/galeria.php>.
Acesso em: 23 maio 2017.

Nesse *link* do *site* do Arquivo Público do Estado de São Paulo, você vai encontrar fotos de diferentes escolas do passado.

Quem eram os professores

Na Grécia Antiga, eram os **sábios** que educavam as crianças e os jovens.

Já por volta de 1300, em boa parte da Europa, as aulas eram dadas pelos padres. Em geral, as crianças entravam na escola com 6 ou 7 anos e aprendiam leitura, **latim**, canto, matemática e, às vezes, escrita.

No Brasil, foram os **jesuítas** que fundaram as primeiras escolas. Eles chegaram em 1549 para ensinar aos indígenas os costumes, a língua e a religião dos europeus. Eles também eram professores dos filhos dos portugueses.

A partir de 1759, o governo português fechou as escolas dos jesuítas. Outras pessoas passaram a dar aulas, às vezes na casa do próprio aluno.

Há quase duzentos anos, o ensino no Brasil passou a ser responsabilidade do governo. O número de escolas e de professores aumentou. Ainda assim, muitas crianças continuaram sem frequentavar a escola.

> **Sábio:** na Grécia Antiga, pessoa com muitos conhecimentos em diversos assuntos.
> **Latim:** idioma falado pelos antigos romanos; deu origem a várias línguas atuais, como o português.
> **Jesuíta:** padre da Companhia de Jesus, uma parte da Igreja católica.

Professora (no centro) em aula na fazenda Pau Grande, no Rio de Janeiro. Foto de 1860.

Manuel de Paula Ramos/Coleção particular

3 Qual é a sequência dos acontecimentos abaixo? Numere esses acontecimentos do mais antigo (1) para o mais recente (3).

[ ] Por volta de duzentos anos atrás, o número de professores aumentou, mas nem todas as crianças iam à escola.

[ ] Em 1549, os jesuítas chegaram ao Brasil para ensinar aos indígenas a língua, a religião e os costumes europeus.

[ ] Em 1759, as escolas dos jesuítas foram fechadas.

Os funcionários da escola

Nas escolas atuais, não há apenas alunos e professores. Para que a escola funcione, há muitas pessoas trabalhando.

As fotos abaixo mostram algumas delas.

Na escola indígena da aldeia Kouenjú-M'bya, em São Miguel das Missões, Rio Grande do Sul, a comida dos alunos é preparada por merendeiras. Em alguns lugares do Brasil, essas profissionais são chamadas de cozinheiras ou de cantineiras. Foto de 2016.

Os diretores e os coordenadores pedagógicos são responsáveis por administrar as escolas, organizando alunos, professores e demais funcionários, para que tudo corra bem durante as aulas. Na foto, diretores, coordenadores pedagógicos e professores participam de uma reunião na Escola Estadual Paes de Carvalho, em Belém, Pará, 2015.

Na secretaria da escola, trabalham os profissionais responsáveis por organizar toda a documentação da comunidade escolar. Geralmente, eles são chamados de secretários. Na imagem, secretário de uma escola pública do município de São Paulo. Foto de 2013.

1 Na escola onde você estuda, há funcionários como os citados acima? Em caso afirmativo, quais são os nomes deles?

2 Além desses funcionários, há outros profissionais que trabalham na escola? Qual é a importância do trabalho deles para o dia a dia na escola? O que eles fazem enquanto vocês estão estudando?

As famílias na escola

As famílias dos alunos também fazem parte da comunidade escolar. Há lugares em que as famílias que moram na vizinhança das escolas também participam das atividades escolares.

Os adultos das famílias que têm crianças na escola participam de reuniões com os professores para acompanhar o desenvolvimento dos alunos. Também podem participar das comemorações realizadas pela escola e ajudar em excursões e em outras atividades.

Há casos em que as famílias se organizam em **associações de pais e responsáveis**.

Reunião da Associação de Pais e Mestres (APM) em escola pública do município de São Paulo. Foto de 1980. Ainda hoje, é comum a organização de grupos formados por pais e professores.

Na Escola Municipal José Rufino dos Santos, da Comunidade Quilombola do Sítio do Matão, na Paraíba, é comum as famílias dos alunos participarem da organização das festas. Na foto, festa realizada em 2015.

1 Na escola onde você estuda:

a. Há atividades que possibilitam a participação das famílias? Em caso afirmativo, dê exemplos.

_____

_____

b. Há algum tipo de associação de pais e responsáveis? Em caso afirmativo, anote o nome dessa associação.

_____

Objetos escolares

Os objetos escolares também podem ser documentos históricos. Eles ajudam a contar o cotidiano das escolas na época em que eram utilizados.

Conheça alguns desses objetos usados no Brasil durante a década de 1960.

A

Nessa época, as **canetas-tinteiro** eram muito utilizadas. O revestimento era de madeira e a parte interna, chamada de pena, era de metal e tinha de ser molhada na tinta.

B

A **tinta nanquim** era a mais usada nas escolas. Durante a escrita, havia o risco de a caneta expelir mais tinta do que o necessário, borrando o papel.

D

Fotografias: Acervo Histórico da Escola Caetano de Campos/CRE Mario Covas/Escola de Formação e Aperfeiçoamento de Professores/Secretaria de Educação de São Paulo. Fotografia: Fernando Favoretto/ID/BR

C

O **mata-borrão** era utilizado para absorver a tinta em excesso.

As **carteiras** e as **cadeiras** também eram diferentes. No apoio da mesa, era comum haver um espaço para o frasco de tinta.

1 Contorne os objetos que você já conhecia.

2 Associe os objetos do passado aos objetos atuais a seguir.

Vangelis Vassalakis/Shutterstock.com/ID/BR

Fernando Favoretto/Criar Imagem

1 Leia o trecho do texto a seguir sobre os direitos das crianças.

Nós temos muitos direitos e deveres e existem algumas leis que tratam só disso [...]. Mas para resumir um pouco [...] posso dizer alguns dos nossos direitos:

- ter uma educação de boa qualidade;

- ter acesso à cultura e aos meios de comunicação e informação;

- poder brincar com outras crianças da nossa idade;

- não ser obrigado a trabalhar como adulto;

- ter uma boa alimentação [...];

- receber assistência médica gratuita nos hospitais públicos sempre que precisarmos de atendimento;

- ser livre para ir e vir, conviver em sociedade e expressar nossas ideias e sentimentos;

- ter a proteção de uma família que nos ame [...];

- não sofrer agressões físicas ou psicológicas por parte [...] de qualquer outro adulto; [...]

Enfim, temos direito a uma vida digna, saudável e feliz.

Quais são os direitos e deveres da criança? Turminha do MPF – Ministério Público Federal. Disponível em: <http://www.turminha.mpf.mp.br/direitos-das-criancas/cidadania/quais-sao-os-direitos-e-deveres-da-crianca>. Acesso em: 6 fev. 2017.

- Os direitos das crianças são sempre respeitados? Explique sua resposta com exemplos.

2 Infelizmente, nem todas as crianças do Brasil frequentam a escola. O que você pensa a respeito disso? Quais são as consequências de uma criança não frequentar a escola? Como essa situação poderia ser resolvida?

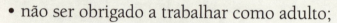

3 Vocês vão conhecer melhor a escola onde estudam.

a. Com a orientação do professor, conversem com os funcionários da escola para completar a ficha abaixo.

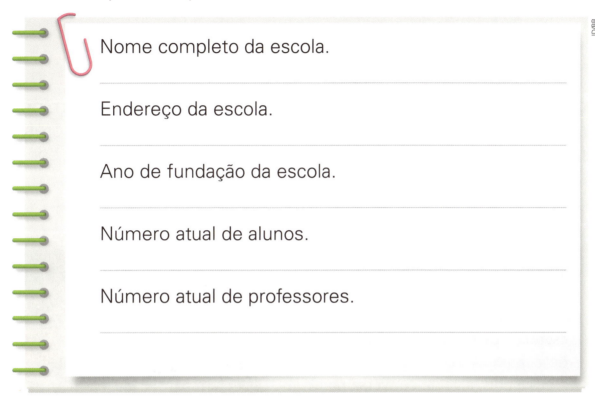

Nome completo da escola.

_____

Endereço da escola.

_____

Ano de fundação da escola.

_____

Número atual de alunos.

_____

Número atual de professores.

_____

b. Como era a escola no passado? Pesquisem imagens antigas da escola onde vocês estudam, na biblioteca ou na secretaria da escola. Anotem a data de cada imagem. Se não for possível fazer cópias das imagens, observem cada uma e façam um desenho delas, em uma folha avulsa, representando a escola no passado.

- Afixem as imagens no mural da sala de aula e observem as imagens que as outras duplas trouxeram. Compartilhem os resultados da pesquisa em uma roda de conversa.

4 Chegar a uma nova escola, onde não conhecemos ninguém, pode provocar alguns sentimentos.

a. Você se lembra de seu primeiro dia de aula? Como se sentiu? Você conversou com algum colega?

b. Imagine que um novo aluno, que não conhece ninguém, começou a estudar em sua sala. Você faria algo para ajudá-lo a se enturmar? O quê?

A convivência na escola

Como você viu, o primeiro grupo do qual fazemos parte é a família. Depois, descobrimos que há famílias que moram perto da nossa casa e que também fazemos parte da vizinhança. Ao frequentarmos a escola, entramos para um novo grupo: o da comunidade escolar. Colegas de turma, professores e funcionários da escola são pessoas com quem passamos a conviver.

Leia o texto abaixo sobre o dia a dia na escola.

Na escola a gente vai para aprender. Mas, principalmente, a gente vai para aprender a pensar. [...]

Alguns de nós, que sabem escrever, escrevem. Os outros desenham. [...]

Depois, a gente conversa na roda e cada um diz o que viu e o que anotou. [...]

E a gente também aprende números [...].

[...] E na escola a gente aprende que é muito bom ter amigos. [...]

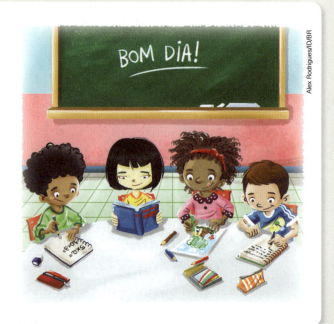

Ruth Rocha. *A escola do Marcelo*. São Paulo: Salamandra, 2001. p. 4-14 (Série Marcelo, Marmelo, Martelo).

▸ O seu dia a dia na escola é parecido com o que você leu no texto? Como é seu cotidiano na escola?

▸ Do que você mais gosta na escola? Por quê?

▸ E do que você menos gosta? Por quê?

▸ De acordo com o texto, na escola aprendemos os números, a pensar e a escrever. Mas não é só isso, não é mesmo? O que mais você aprende na escola?

Colegas de turma

Na maior parte do tempo em que está na escola, você convive com os colegas da sala de aula. Cada um deles tem gostos, opiniões, vontades, atitudes e comportamentos próprios.

Porém, o que cada colega faz na sala de aula, como se comporta e como participa das atividades pode contribuir para o aprendizado de todos ou pode atrapalhar esse aprendizado.

A tira abaixo mostra uma situação na sala de aula onde estudam as personagens Calvin e Susie. Leia-a.

Bill Watterson. *Calvin & Haroldo*, 1986.

1 Agora, responda às questões.

a. Qual é a situação retratada na tira?

b. Em sua opinião, a atitude de Calvin é correta? Por quê?

c. Você sabe os resultados das operações que Calvin deveria fazer individualmente? Tente resolvê-las.

2 Na sala de aula, os alunos são diferentes uns dos outros. Mas, juntos, formam um grupo único. Conte sua opinião sobre as questões abaixo.

a. Qual é o objetivo de todos os alunos em uma sala de aula?

b. O que é preciso para que esse objetivo seja alcançado?

c. Ao realizar trabalhos em grupo, há divisão das tarefas?

Todos merecem respeito

Atitudes de respeito com os colegas da sala de aula, os professores e outros funcionários da escola contribuem para que todos possam realizar as atividades durante o tempo que passam na escola. Isso torna a convivência escolar saudável. O texto a seguir é sobre uma situação que ocorreu em uma sala de aula. Leia-o.

A Laura, que é a professora, pediu pra gente desenhar os melhores amigos. Eu desenhei: o André jogando bola, a Paula brincando na areia, a Lucinha na gangorra e eu tirando foto dela. Todo mundo do mesmo tamanho.

Mas a Lucinha ficou irada. Correu para minha mesa, pegou meu desenho, rabiscou inteiro, depois rasgou, picou e jogou no lixo. Isso porque, no desenho dela, eu era a principal. E no desenho do André, a Paula era a principal. E, no desenho da Paula, a principal era ela mesma. A Laura tinha saído pra pegar tinta. Toda a classe veio me defender.

O André berrou, a Paula empurrou a Lucinha, que caiu perto do armário onde ficam as mochilas. Joana, a orientadora, entrou por causa da gritaria. [...]

A Laura, nossa professora, entrou, escorregou, caiu sentada na tinta [...].

Janaína Tokitaka/Edições SM

Heloísa Pietro. *A vida é um palco.* Ilustrações de Janaína Tokitaka. São Paulo: SM, 2006. p. 32-41.

1 Nessa história, quais personagens da comunidade escolar aparecem? Marque com um **X**.

☐ professora   ☐ orientadora

☐ alunos   ☐ diretora

☐ cozinheiro   ☐ coordenador

2 Em sua opinião, a atitude de Lucinha e dos colegas foi respeitosa? Quais foram as consequências?

3 Desenhe seus amigos da escola na ficha da página 135. Lembre-se de anotar os nomes deles. Destaque a ficha e mostre seu desenho para a turma.

Direitos e deveres na escola

Na escola, todos têm o **direito** de ser respeitados e o **dever** de respeitar. Para garantir esse respeito, a escola estabelece algumas **regras** de convívio. Elas são válidas para alunos, professores e outros funcionários da escola.

4 Durante o recreio, os alunos se encontram, conversam, brincam e se alimentam. Observe a cena.

Ilustra Cartoon/ID/BR

- Contorne de **vermelho** uma situação de colaboração entre colegas e de **azul** uma situação de desrespeito.

5 Você conhece seus direitos e deveres na escola? Classifique cada frase a seguir de acordo com as cores.

Direitos   Deveres

- [ ] Ter carteiras adequadas para estudar.
- [ ] Cuidar das carteiras e demais materiais da escola.
- [ ] Ser respeitado por professores e funcionários.
- [ ] Tratar os colegas com educação.
- [ ] Receber cuidados quando se machuca.
- [ ] Prestar atenção às aulas e fazer as lições.
- [ ] Participar das atividades em grupo.

6 Com a orientação do professor, anote no caderno as principais regras de convívio da escola onde você estuda.

Monumento romano: professores e alunos

Ao observar uma imagem, é importante prestar atenção na posição dos elementos, como objetos e personagens. Isso pode ajudar a compreender melhor a obra.

Observe, a seguir, uma cena escolar retratada pelos romanos antigos.

Detalhe de monumento romano feito há quase dois mil anos. Foto de 2012. Atualmente, ele é chamado de *O mestre e seus discípulos*. Essa obra foi encontrada por pesquisadores em Trier, na Alemanha, e é um importante documento histórico.

Agora é a sua vez

1 Nesse monumento, quem possivelmente seria mestre ou professor? E quem possivelmente seriam os discípulos ou alunos? Preencha os quadrinhos de cada personagem de acordo com a legenda abaixo.

P professor

A aluno

■ Que pistas da imagem você usou para descobrir quem é o professor e quem são os alunos?

2 Esse monumento romano é antigo ou é atual? Há quanto tempo ele foi feito?

_____

3 Observe os objetos que as personagens estão utilizando. Você sabe os nomes deles? Marque com um **X** o material a seguir que aparece na imagem.

Os ensinamentos dos mestres estavam escritos nas *volumina*, antigos manuscritos que tinham o formato de rolo.

Para carregar as *volumina*, os romanos costumavam utilizar a *capsa*, um tipo de bolsa de madeira.

Para treinar a escrita, os romanos escreviam em uma tábua de cera com os *stili*, instrumentos de ponta afiada.

Ilustrações: Carlos Caminha/ID/BR

■ Alguns desses objetos se parecem com objetos escolares   que utilizamos atualmente? Em caso afirmativo, cite alguns.

 Museu Arqueológico Nacional de Portugal
Disponível em: <http://www.museuarqueologia.pt/default.asp?a=3&x=3&per=21>.
Acesso em: 23 maio 2017.

Conheça outros 16 objetos da Roma Antiga que faziam parte do dia a dia dos romanos no passado.

1 Pinte de **roxo** os quadrinhos das frases que se referem a atitudes que podem contribuir para o aprendizado.

☐ Não fazer a lição de casa.

☐ Colaborar com os colegas.

☐ Ser pontual e chegar à aula no horário.

☐ Manter a sala de aula limpa.

☐ Pedir licença para falar.

☐ Não participar das atividades.

■ Agora, reescreva no caderno as frases que você não assinalou, de maneira que elas passem a indicar atitudes que contribuem para o aprendizado.

2 Leiam a tira a seguir e respondam às questões.

Alexandre Beck. *Armandinho Sete*. Curitiba: Artes & Letras, 2015. p. 83.

a. Vocês sabem o significado da palavra **zoar**? Procurem em um dicionário. Depois, marquem com um **X** a definição que mais se aproxima da usada na tira.

☐ Fazer barulhos e ruídos.

☐ Caçoar de alguém.

☐ Atrapalhar uma pessoa.

b. Um de vocês já passou por alguma situação parecida na escola? Em caso afirmativo, contem como foi.

c. A atitude de "zoar" os colegas é boa para a convivência na escola? Por quê?

3 A escola não é único lugar onde é possível se reunir para trocar conhecimentos. O costume de contar histórias existe na cultura de vários povos. Essa é uma maneira de os mais velhos ensinarem coisas aos mais novos. Observe as imagens a seguir.

Lorenz Frölich. *A contadora de histórias*, 1843. Óleo sobre tela.

Crianças da aldeia guarani Tekoa Pyau e o cacique Vitor, no município de São Paulo. Foto de 2015.

a. Qual imagem é a reprodução de uma pintura e qual é a reprodução de uma foto? Associe as colunas.

Imagem **A**   Foto

Imagem **B**   Pintura

b. Quem é a pessoa que está contando a história em cada uma das imagens?

c. Você já ouviu histórias dos mais velhos? Em caso afirmativo, conte como foi essa experiência e o que você aprendeu com ela.

As escolas do Brasil: ontem e hoje

Ao longo do tempo, os espaços escolares do Brasil passaram por muitas transformações. Observe as fotos a seguir.

Sala de aula no município do Rio de Janeiro. Foto de 1914.

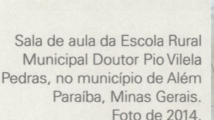

Sala de aula da Escola Rural Municipal Doutor Pio Vilela Pedras, no município de Além Paraíba, Minas Gerais. Foto de 2014.

▶ Qual foto é mais antiga? E qual é mais atual?

▶ Que pessoas da comunidade escolar aparecem nas duas fotos?

▶ Compare as duas imagens. Quais semelhanças e diferenças você percebeu nas salas de aula?

▶ A sala de aula onde você estuda é parecida com as salas de aula das fotos? Explique.

Há cem anos...

As escolas no Brasil eram muito diferentes do que são hoje. Havia diferenças não só nos prédios e nas salas de aula, mas também no ensino.

Nessa época, poucas crianças iam à escola. Dessas crianças, a maioria eram meninos. Os alunos aprendiam a ler, a escrever e a fazer cálculos (somar, subtrair, dividir e multiplicar). As poucas meninas que iam à escola tinham também aulas de costura e de bordado.

Como você viu no capítulo **1**, havia salas de aula só de meninos e salas de aula só de meninas. Existiam também salas mistas, onde as meninas sentavam de um lado e os meninos sentavam de outro. Observe as fotos a seguir.

Meninas em aula de trabalhos manuais, no município do Rio de Janeiro, em 1922.

Meninos em aula de alfaiataria, no município do Rio de Janeiro, em 1915.

1 **Pinte de verde o quadrinho que acompanha a frase referente à realidade das escolas de antigamente.**

☐ Não havia diferenças entre o ensino de meninos e o de meninas.

☐ Havia aulas específicas para meninos e aulas específicas para meninas.

2 **De acordo com o que você estudou até agora, por que havia poucas meninas na escola?**

A escola hoje

Hoje, todas as crianças e todos os jovens, tanto meninos como meninas, devem ir à escola. Em geral, meninos e meninas estudam na mesma sala e as aulas são as mesmas para todos.

Além dessas mudanças, outras coisas se transformaram na escola ao longo do tempo. Até mesmo os assuntos estudados e a forma de organizar os anos e as séries escolares mudaram. Observe o boletim escolar abaixo. Você sabe para que serve esse documento?

Boletim escolar, de 1962, de aluno do 1º ano do curso primário, que hoje corresponde ao 2º ano do Ensino Fundamental. No boletim, eram indicadas as notas do aluno e a frequência dele nas aulas, entre outras informações.

Arquivo pessoal. Fac-símile: ID/BR

1 Que informações podem ser encontradas nesse boletim escolar? Marque com um **X**.

☐ nome do aluno
☐ endereço do aluno
☐ nome da escola
☐ ano em que o aluno estudou

☐ nomes das disciplinas
☐ ano do boletim
☐ notas do aluno
☐ data de nascimento

2 Compare as disciplinas que você tem na escola com as desse boletim. Quais disciplinas você não tem? E quais você tem e não estão no boletim?

Agenda

Em muitas escolas, os alunos utilizam agendas. Você sabe o que é uma agenda? Ela é um tipo de caderno e suas páginas servem para fazer anotações sobre atividades diárias.

As páginas iniciais e finais da agenda podem trazer informações como feriados, mapas e telefones úteis. As demais páginas apresentam os dias do ano, e nessas páginas são anotados compromissos como reuniões, provas, passeios, trabalhos, visitas ou comemorações de aniversário.

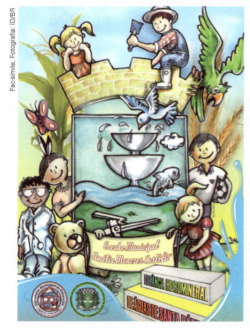

Capa de agenda escolar utilizada na Creche Municipal Amélia Menezes Custódio, em Águas de Santa Bárbara, São Paulo, no ano de 2015.

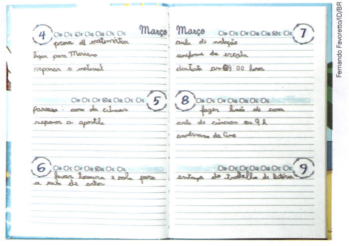

Reprodução de páginas de uma agenda escolar.

Todos esses registros fazem parte da vida de uma pessoa. Imagine uma agenda que foi usada muito tempo atrás. As informações anotadas ajudarão a escrever a história da pessoa que usou essa agenda.

1 Na escola, você usa agenda?

a. Se usa, conte aos colegas que tipo de anotações você faz. O professor também faz anotações?

b. Se não usa, o que anotaria se tivesse uma? Por quê?

As escolas indígenas

Os povos indígenas não educavam suas crianças em escolas. Elas aprendiam observando os adultos. Foram os jesuítas, há mais de quatrocentos e setenta anos, que criaram as primeiras escolas para ensinar aos indígenas a língua portuguesa, os costumes e as crenças religiosas dos europeus.

Há aproximadamente cinquenta anos, o ensino na maioria das escolas indígenas era como o ensino dos não indígenas. A língua e os costumes dos povos indígenas não eram levados em consideração.

E hoje, como são as escolas indígenas? Em muitas escolas localizadas nas aldeias, as crianças indígenas têm aulas na língua de seu povo, com professores indígenas.

Elas aprendem Português, Matemática e outras disciplinas ensinadas às crianças não indígenas. Mas também têm aulas sobre o modo de vida e os conhecimentos do povo ao qual pertencem.

Gerson Gerloff/Pulsar Imagens

Sala de aula da Escola Estadual Indígena Igíneo Romeu Ko'enjú, em São Miguel das Missões, Rio Grande do Sul. Foto de 2016.

1 Pinte de **vermelho** o quadrinho que melhor completa a frase a seguir.

Hoje, nas escolas indígenas do Brasil, as crianças aprendem

☐ somente Português e Matemática.

☐ apenas Filosofia europeia.

☐ a valorizar e a preservar o modo de vida de seu povo.

☐ a cantar somente as canções de seu povo de origem.

Aprendendo as tradições de seu povo

Nas escolas indígenas, os alunos aprendem a língua, as histórias, os costumes, a culinária e o modo de trabalhar do povo de que fazem parte.

Em algumas aldeias, as pessoas mais velhas vão à escola para ensinar seus conhecimentos sobre plantas medicinais e levam os meninos e as meninas à mata para colher essas plantas.

Elas também ensinam as crianças a fazer cestos, cerâmica, enfeites e outros objetos de acordo com a tradição do povo a que pertencem.

Os professores indígenas elaboram livros e outros materiais especiais para os alunos indígenas aprenderem melhor. Nesses livros, escritos nas várias línguas indígenas, fala-se da vida desses povos.

Estudante guarani da Escola Estadual Indígena Igíneo Romeu Ko'enjú realizando atividade em sala de aula, em São Miguel das Missões, Rio Grande do Sul. Foto de 2016.

Estudantes da Escola Indígena Pataxó Aldeia Velha durante estudo sobre o meio ambiente, no município de Caraíva, Bahia. Foto de 2014.

2 Você já fez algum trabalho escolar como o da foto **A**? E já participou de alguma atividade parecida com a retratada na foto **B**?

3 Em sua opinião, as atividades escolares mostradas nas imagens **A** e **B** ajudam a preservar a cultura indígena? Por quê?

Saber Ser

As escolas nas comunidades quilombolas

Durante mais de trezentos anos, muitos africanos foram trazidos à força para o Brasil para serem escravizados. Eles e seus descendentes lutaram de várias formas contra essa situação e vários conseguiram fugir dela.

Alguns desses grupos criaram povoados chamados de **quilombos**. Quem vivia nos quilombos era chamado de **quilombola**. Lá, os negros eram livres para formar suas famílias e viver de acordo com os seus costumes.

O tempo passou e as tradições dos quilombos podem ser encontradas ainda hoje. Os descendentes dessas comunidades são chamados de **remanescentes** quilombolas ou remanescentes de quilombos.

> **Remanescente:** aquele que restou.

Atualmente, também há escolas nessas comunidades. Nelas, as crianças aprendem as disciplinas escolares comuns e os costumes e conhecimentos de seus antepassados quilombolas.

Cesar Diniz/Pulsar Imagens

Crianças em sala de aula da Escola Municipal Vereador Manoel Domingos Pereira, na Comunidade Quilombola de Itamatatiua, em Alcântara, Maranhão. Foto de 2014.

1 Você faz parte de alguma comunidade de remanescentes quilombolas? Em caso afirmativo, responda às questões a seguir sobre a sua comunidade. Em caso de negativo, pesquise informações sobre a comunidade de remanescentes quilombolas mais próxima de onde você mora.

a. Qual é o nome dessa comunidade?

_____

b. Há escola nessa comunidade? Se sim, qual é o nome dela?

_____

_____

A importância dos antepassados

Os homens e as mulheres remanescentes quilombolas guardam tradições próprias, como práticas religiosas, danças, cantos e modos de cozinhar, de plantar e de viver.

Essas tradições vêm de seus antepassados e são transmitidas dos mais velhos aos mais novos até hoje. Boa parte dos costumes foi ensinada por antepassados africanos, mas também há costumes de antepassados indígenas e europeus.

Nessas comunidades, o conhecimento dos mais velhos é muito valorizado. Observe as fotos abaixo.

Na Comunidade Quilombola Os Rufinos, no município de Pombal, Paraíba, avô compartilha seu conhecimento com as netas. Foto de 2015.

Na Comunidade Quilombola Kalunga do Vão do Moleque, em Cavalcante, Goiás, as festas populares são importantes momentos em que os mais velhos compartilham as tradições com os mais novos. Na foto, Festa do Império de São Gonçalo, em 2015.

2 O que você aprende com as pessoas mais velhas de sua família? No caderno, anote quatro coisas que você aprendeu com elas. Lembre-se de escrever também o nome dessas pessoas e os graus de parentesco.

Saber Ser

ACESSE O RECURSO DIGITAL

A escola da comunidade Cabeceira do Amorim

Você sabia que as comunidades que moram em regiões próximas às margens dos rios são chamadas de **ribeirinhas**?

Os costumes das famílias ribeirinhas estão muito ligados às águas dos rios e das chuvas. E como são as escolas nessas comunidades? Vamos conhecer a escola da comunidade ribeirinha Cabeceira do Amorim, às margens do rio Tapajós, em Santarém, Pará.

Com cerca de noventa alunos, a Escola Municipal Luiz Antonio de Almeida tem quatro salas de aula e as turmas são multisseriadas, isto é, são formadas por alunos de várias idades e em diferentes anos do Ensino Fundamental. O professor é o mesmo para todos.

O calendário escolar acompanha as cheias e as secas do rio. O período em que chove menos concentra o maior número de aulas. Por isso, geralmente, as aulas acontecem de agosto a abril, com recesso em dezembro. Já as férias escolares ocorrem entre os meses de maio e julho, no período em que chove mais.

Luciana Whitaker/Pulsar Imagens

Entrada da Escola Municipal Luiz Antonio de Almeida, em Santarém, Pará. A escola também recebe alunos de outras duas comunidades ribeirinhas: Pajurá e Sítio Boa Sorte. Foto de 2017.

A comunidade Cabeceira do Amorim costuma participar de diversas atividades da escola. Acima, alunos e professores celebram a instalação de sistema de abastecimento de água na comunidade, com o plantio de mudas nativas. Ao lado, líderes da comunidade participam de festa na escola.
Fotos de 2017.

1 Os períodos de aulas e de férias dos alunos da comunidade Cabeceira do Amorim são diferentes dos períodos da escola onde você estuda ou são semelhantes? Por quê?

2 Há algum rio perto de onde você mora? Os períodos de muita chuva interferem no modo como você vai para a escola?

3 Você conhece alguma comunidade ribeirinha ou faz parte de uma comunidade desse tipo? Conte sua experiência.

Aprender sempre

1 Leia o relato de dona Tereza, de 67 anos, sobre a escola onde ela estudou.

> Eu entrei com 7 anos e estudava o dia inteiro. Eu lembro que no primário eu estudava Matemática, Português, História, das 9 h da manhã às 5 h da tarde, com intervalo de uma hora para o almoço. [...] tinha também trabalhos manuais, a gente levava um bordadinho para fazer, uma costura [...]. Aos sábados era o dia que a gente fazia esses trabalhos. Sábado era só meio dia. [...] A escola [...] tinha sala só de meninas e só de meninos.

Relato de dona Tereza recolhido e publicado por Magda Sarat. Memórias da infância e histórias da educação de imigrantes estrangeiros no Brasil. Em: *VI Congresso Luso-brasileiro de História da Educação*, abr. 2006, Uberlândia, Minas Gerais. Disponível em: <http://www2.faced.ufu.br/colubhe06/anais/arquivos/52MagdaSarat.pdf>. Acesso em: 29 mar. 2017.

a. Algumas pessoas mais velhas, como dona Tereza, ao falar sobre a escola, usam palavras como **primário** e **ginásio**. Você sabe o que elas significam? Pergunte aos adultos de sua família para descobrir o significado delas e anote-os.

_____

_____

_____

_____

b. O quadro a seguir traz algumas características da escola onde dona Tereza estudou. Mas estão faltando informações. Complete-o.

Características	Escola onde dona Tereza estudou
Qual era o horário das aulas?	Das 9 horas da manhã às 5 horas da tarde.
Quais eram as disciplinas estudadas?	
Os alunos almoçavam na escola?	
Havia aulas aos sábados?	
As turmas eram mistas?	

2 Agora, complete o quadro abaixo com as características da escola onde você estuda.

Características	Escola onde você estuda
Qual é o horário das aulas?	
Quais são as disciplinas estudadas?	
Os alunos almoçam na escola?	
Há aulas aos sábados?	
As turmas são mistas?	

■ Faça como dona Tereza e fale como é a escola onde você estuda.

3 As escolas de comunidades ribeirinhas e de remanescentes de quilombos são muito importantes para a preservação da cultura desses grupos e para a educação dessas comunidades. Observem as fotos abaixo e escrevam, no caderno, uma frase sobre isso para cada caso.

Escola Municipal Nossa Senhora do Carmo, em Careiro da Várzea, Amazonas. A escola fica às margens do rio Amazonas. Foto de 2016.

Escola Municipal Pedro Pereira da Silva, em União dos Palmares, Alagoas. A escola atende crianças remanescentes quilombolas de Palmares. Foto de 2015.

Sugestões de leitura

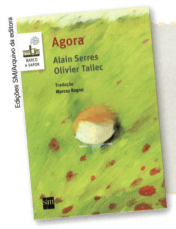

Edições SM/Arquivo da editora

Agora, de Alain Serres. Tradução de Marcos Bagno. Ilustrações de Olivier Tallec. Edições SM (Coleção Barco a Vapor).

O livro reúne uma série de histórias que tratam de acontecimentos do cotidiano e das transformações que ocorrem ao longo do tempo na vida das pessoas, sob o ponto de vista de uma criança.

Máquinas do tempo, de Romont Willy. Callis Editora.

Computadores e celulares são objetos que fazem parte da vida de muitas pessoas. Mas nem sempre foi assim. Nesse livro, você vai conhecer como eram as tecnologias e as máquinas utilizadas no passado.

Callis/Arquivo da editora

L&PM/Arquivo da editora

É tudo família!, de Alexandra Maxeiner. Tradução de Hedi Gnädinger. Ilustrações de Anke Kuhl. L&PM Editores.

As famílias são diferentes e cada pessoa que faz parte delas tem um jeito. Nesse livro, conheça a história de uma família muito grande em que todos vão ter de aprender a lidar com a diversidade.

Somos iguais mesmo sendo diferentes!, de Marcos Ribeiro. Ilustrações de Isabel de Paiva. Editora Moderna.

É possível sermos iguais e sermos diferentes ao mesmo tempo? De acordo com esse livro, sim. O autor mostra que reconhecer e respeitar as diferenças de cada pessoa é muito importante para fazermos do mundo um lugar mais justo e feliz.

Moderna/Arquivo da editora

A casa no meio do mato, de Luís Pimentel. Ilustrações de Edineusa Bezerril. Editora Prumo.

Aprofunde seus conhecimentos sobre a vida no campo com a leitura desse livro. O autor explora as belezas do dia a dia nas paisagens rurais, em que é possível ter contato com diferentes plantas e animais.

Meu bairro é assim, de César Obeid. Ilustrações de Jana Glatt. Editora Moderna.

Quais são seus lugares favoritos na vizinhança? Nesse livro, o autor apresenta as diferenças entre os bairros, as características das ruas de um bairro e algumas curiosidades sobre os nomes deles.

Hoje eu não quero ir à escola, de Nilson Denadai. Ilustrações de Alex Correia. Editora Novo Século (Projeto Mundo Melhor).

Já houve dias em que você não queria ir à escola? Como você se sentiu? O tema desse livro é sobre essa sensação. Nele, você vai acompanhar as aventuras de dois amigos que, ao retornarem das férias, se deparam com novos desafios escolares.

Por que eu vou para a escola?, de Oscar Brenifier. Tradução de Josca Ailine Baroukh. Ilustrações de Delphine Durand. Editora Panda Books (Coleção Pequenos Filósofos).

A história desse livro é narrada por Felipe, um menino muito curioso que quer saber o porquê de irmos à escola. Para descobrir a resposta, ele faz essa pergunta a várias pessoas.

Bibliografia

ARANHA, Maria Lucia de Arruda. *História da educação e da pedagogia*. 3. ed. São Paulo: Moderna, 2006.

ÁRIES, Philippe. *História social da criança e da família*. Rio de Janeiro: LTC, 1981.

BASTOS, Maria Helena; STEPHANOU, Maria Camara (Org.). *Histórias e memórias da educação no Brasil*, v. 3: século XX. 3. ed. Rio de Janeiro: Vozes, 2009.

BITTENCOURT, Circe (Org.). *O saber histórico em sala de aula*. São Paulo: Contexto, 1997.

_____. *Ensino de história*: fundamentos e métodos. 4. ed. São Paulo: Cortez, 2011 (Coleção Docência em Formação – Ensino Fundamental).

BLOCH, Marc. *Apologia da história ou o ofício de historiador*. Rio de Janeiro: Jorge Zahar, 2002.

BOJUNGA, Lygia. *A bolsa amarela*. Rio de Janeiro: Casa Lygia Bojunga, 2006.

BRASIL. Ministério da Educação. *Geografia indígena*: Parque Indígena do Xingu/Instituto Socioambiental. Brasília: MEC/SEF/DPEF, 1988.

_____. Ministério da Educação. Secretaria de Educação Básica. *Base nacional comum curricular*: educação é a base. Brasília: MEC, 2017. Disponível em: <http://basenacionalcomum.mec.gov.br/wp-content/uploads/2018/04/BNCC_19mar2018_versaofinal.pdf>. Acesso em: 12 abr. 2018.

_____. Ministério da Educação. Secretaria de Educação Fundamental. *Parâmetros curriculares nacionais*: história. Brasília: MEC/SEF, 1997.

BURKE, Peter (Org.). *A escrita da história*: novas perspectivas. 2. ed. São Paulo: Ed. da Unesp, 2011.

BUSCH, Ana; VILELA, Caio. *Um mundo de crianças*. São Paulo: Panda Books, 2007.

CAVALLEIRO, Eliane. *Do silêncio do lar ao silêncio escolar*: racismo, preconceito e discriminação na Educação Infantil. São Paulo: Contexto, 2000.

CERTEAU, Michel de. *A escrita da história*. 3. ed. Rio de Janeiro: Forense Universitária, 2011.

CHARTIER, Roger. *A história cultural*: entre práticas e representações. Lisboa: Difel, 2002.

COLL, César. *Psicologia e currículo*. São Paulo: Ática, 2000.

_____ et al. *O construtivismo na sala de aula*. São Paulo: Ática, 1996.

_____ et al. *Os conteúdos na reforma*. Porto Alegre: Artmed, 1998.

CUNHA, Manuela Carneiro da. *História dos índios no Brasil*: história, direitos e cidadania. São Paulo: Claro Enigma, 2013 (Coleção Agenda Brasileira).

FAUSTO, Boris. *História do Brasil*. 14. ed. São Paulo: Edusp, 2015.

FERRO, Marc. *A história vigiada*. São Paulo: Martins Fontes, 1989.

FUNARI, Pedro Paulo A.; SILVA, Glaydson José da. *Teoria da história*. São Paulo: Brasiliense, 2008.

HIRATSUKA, Lúcia. *Ladrão de ovos*. São Paulo: SM, 2011.

JENKINS, Keith. *A história repensada*. São Paulo: Contexto, 2003.

KARNAL, Leandro (Org.). *História na sala de aula*. São Paulo: Contexto, 2003.

KURUSA. *A rua é livre*. São Paulo: Callis, 2002.

LE GOFF, Jacques. *História e memória*. Lisboa: Edições 70, 2000. v. 1 e 2.

LOPES, Eliane et al. (Org.). *500 anos de educação no Brasil*. 5. ed. Belo Horizonte: Autêntica, 2011.

MACHADO, Nílson José. *Cidadania é quando...* São Paulo: Escrituras, 2001 (Coleção Escritinha).

MURRAY, Roseana. *Casas*. São Paulo: Formato Editorial, 2009.

NOVAIS, Fernando (Org.). *História da vida privada no Brasil*. São Paulo: Companhia das Letras, 1997. v. 1, 2, 3 e 4.

PEREIRA, Amilcar Araújo; MONTEIRO, Ana Maria (Org.). *Ensino de história e culturas afro-brasileiras e indígenas*. Rio de Janeiro: Pallas, 2013.

PIAGET, Jean. *A psicologia da inteligência*. Rio de Janeiro: Vozes, 2013.

PIETRO, Heloísa. *A vida é um palco*. São Paulo: SM, 2006.

PINSKY, Carla B. (Org.). *Fontes históricas*. São Paulo: Contexto, 2005.

PINSKY, Jaime (Org.). *O ensino de história e a criação do fato*. São Paulo: Contexto, 2008.

PRIORE, Mary Del. *História das crianças no Brasil*. 7. ed. São Paulo: Contexto, 2015.

RIBEIRO, Darcy. *Os índios e a civilização*: a integração das populações indígenas no Brasil moderno. 7. ed. 6. reimp. São Paulo: Companhia das Letras, 2009.

ROCHA, Ruth. *A escola do Marcelo*. São Paulo: Salamandra, 2001.

SABINO, Fernando. *O menino no espelho*. 64. ed. Rio de Janeiro: Record, 2003.

SCHWARCZ, Lilia Moritz; STARLING, Heloisa. *Brasil*: uma biografia. São Paulo: Companhia das Letras, 2015.

SILVA, Aracy Lopes da; GRUPIONI, Luís Donisete Benzi. *A temática indígena na escola*: novos subsídios para professores de 1º e 2º graus. São Paulo: Global, 2004.

SILVA, Marcos; GUIMARÃES, Selva. *Ensinar história no século XXI*: em busca do tempo entendido. 4. ed. Campinas: Papirus, 2014.

SOUZA, Ana Lúcia Silva; CROSO, Camila (Org.). *Igualdade das relações étnico-raciais na escola*: possibilidades e desafios para a implementação da Lei 10639/2003. São Paulo: Ação Educativa-Ceert; Petrópolis: Ceafro, 2007.

VARELLA, Drauzio. *Nas ruas do Brás*. São Paulo: Companhia das Letrinhas, 2004 (Coleção Memória e História).

VERNE, Júlio. *Viagem ao centro da Terra*. São Paulo: Larousse do Brasil, 2005.

VYGOTSKY, Lev Semenovich. *Pensamento e linguagem*. Trad. Jefferson Luiz Camargo. 4. ed. São Paulo: Martins Fontes, 2008 (Série Psicologia e Pedagogia).

ZABALA, Antoni. *A prática educativa*: como ensinar. Porto Alegre: Artmed, 2007 (Biblioteca Artmed Fundamentos da Educação).

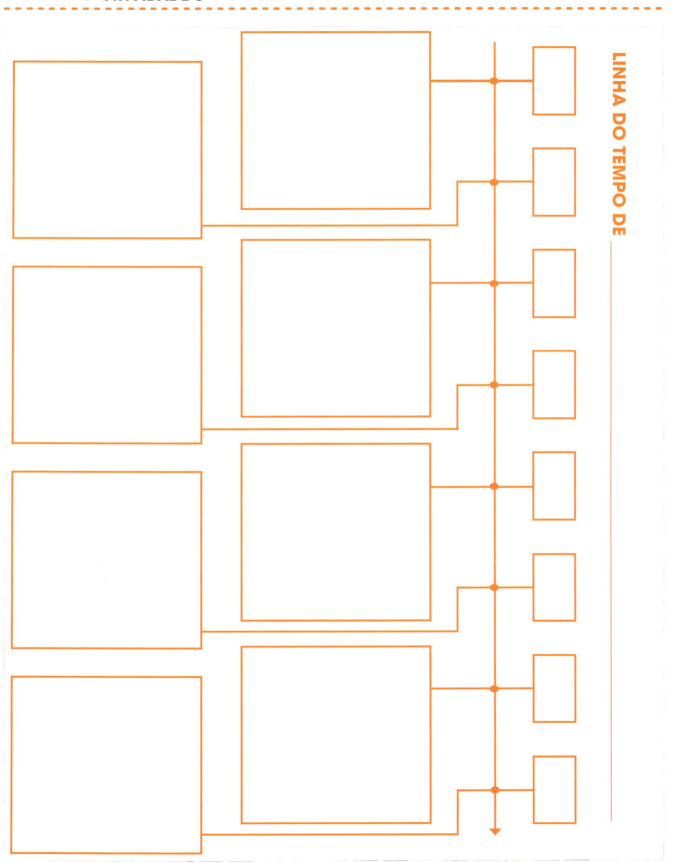

LINHA DO TEMPO DE

Dicas de montagem:

1. Após destacar as peças, dobre as abas com vincos.

2. Encaixe as partes com números iguais, unindo sempre uma bolinha azul com uma vermelha.

PÁGINA 46 › ATIVIDADE 1

T	I	A

T	I	O

I	R	M	Ã	O

A	V	Ó

P	R	I	M	O

PÁGINA 95 › ATIVIDADE 4

Patrimônio histórico

Cole a imagem aqui.

AMj Studio/ID/BR

Nome da construção: _____

Endereço: _____

PÁGINA 108 › **ATIVIDADE 3**

Meus amigos